natürlich oekom
nachhaltig seit 1989

Bibliografische Information der Deutschen Nationalbibliothek:
Die Deutsche Nationalbibliothek verzeichnet diese Publikation in der Deutschen Nationalbibliografie; detaillierte bibliografische Daten sind im Internet über www.dnb.de abrufbar.

oekom – Gesellschaft für ökologische Kommunikation mbH
Goethestraße 28, 80336 München
+49 89 544184 – 200
www.oekom.de

Umschlaggestaltung: Laura Denke, oekom verlag
Druck: Esser printSolutions GmbH, Ergolding

ISBN 978-3-98726-115-2
https://doi.org/10.14512/9783987263750

CHRISTIAN KOZINA-VOIT

Klimaschutz mit System

Wie wir die Überhitzung der Erde noch stoppen können

Vorwort

Seit Längerem warnt die Wissenschaft davor, dass die globale Durchschnittstemperatur nicht um mehr als zwei Grad oder (noch besser) 1,5 Grad über das vorindustrielle Niveau steigen dürfe – sonst käme mit hoher Wahrscheinlichkeit eine Erhitzungsspirale in Gang, die nicht mehr aufzuhalten sei und den Planeten für Menschen unbewohnbar mache.

Am 17. November 2023 durchbrach die globale Durchschnittstemperatur erstmals diese Zwei-Grad-Grenze. Das gesamte Jahr 2023 war im Mittel um 1,48 Grad zu warm und damit das heißeste seit wahrscheinlich 125.000 Jahren, jedenfalls aber seit Beginn der Aufzeichnungen. Das zeigt: Die Temperaturkurve geht nach oben. Das Zeitfenster, um dem entgegenzuwirken, scheint sich schneller zu schließen als gedacht. 1,5 Grad Erwärmung im globalen Jahresdurchschnitt werden wohl spätestens in den 2030er-Jahren erreicht.

Doch eine angemessene Reaktion darauf lässt sich nicht erkennen: Die Treibhausgas-Emissionen, die hauptverantwortlich für die Erhitzung des Planeten sind, erreichten 2023 mit rund 37 Milliarden Tonnen einen neuen Höchstwert. Die CO_2-Konzentration in der Atmosphäre stieg dadurch auf knapp 420 ppm. Sie liegt damit nicht nur um 50% höher als in der vorindustriellen Zeit, sondern erreicht damit auch den höchsten Wert seit drei Millionen Jahren.

All das zeigt, dass die Klimapolitik in den letzten Jahrzehnten überfordert war: Zuerst wurden Ziele zur Emissionsreduktion vereinbart, die viel zu niedrig angesetzt waren, um das 1,5- oder Zwei-Grad-Ziel zu erreichen. Danach wurden Maßnahmen gesetzt, die so schwach waren, dass zum Teil nicht einmal diese niedrigen Ziele erreicht wurden.

Dennoch verärgerten einige der Maßnahmen die Menschen und ließen einige von ihnen zu Gegner:innen werden, weil sie eine Einschränkung ihrer persönlichen Freiheiten fürchteten. Andere wiederum klebten sich auf Straßen und blockierten den Verkehr, um gegen die schwache Klimapolitik zu protestieren.

Ob es der Politik aus dieser Lage heraus gelingt, die Überhitzung der Erde zu verhindern, ist unklar. Andererseits muss man sich auch fragen, wie weit Klimaschutz nur Aufgabe der Politik ist – und wie viel man selbst dazu beitragen kann. Viele Menschen scheinen nicht zu verstehen, worum es geht, oder wollen es nicht wahrhaben. Aber auch bei denen, die es verstehen, gibt es oft einen großen Unterschied zwischen Reden und Tun. Dabei wären gerade sie gefordert – denn je mehr Menschen sich in Richtung Klimaneutralität bewegen, desto mehr Wege werden sich für die Gesellschaft als Ganzes auftun.

Bei denjenigen, die es verstehen, liegt das Problem oft darin, dass sie nicht wissen, *wie* sie vorgehen sollen: Manche hoffen, dass oberflächliche Maßnahmen (z.B. Bewusstseinsbildung) ausreichen – erzielen damit aber nicht die gewünschte Wirkung. Andere setzen zwar viele verschiedene Maßnahmen um, stimmen sie aber nicht aufeinander ab und verschwenden damit unnötig viel Zeit und Geld. Wieder andere glauben, die schnellstmögliche Umsetzung sei besonders effektiv, binden dann jedoch die Betroffenen nicht ausreichend ein und stoßen dadurch auf Widerstände, die den ganzen Prozess verlangsamen oder sogar zum Stehen bringen. Dadurch verlieren letztlich viele den Glauben, im Klimaschutz etwas bewirken zu können.

Wer tatsächlich etwas weiterbringen will, muss mit System vorgehen – ganz egal, ob im privaten oder beruflichen Kontext oder im Rahmen einer ehrenamtlichen Betätigung. In dieser Rolle muss man verstehen, was man auslöst, wenn man Klimaschutz-Maßnahmen entwickelt oder umsetzt; man muss wissen, welche Klimaschutz-Maßnahmen effektiv und welche energieraubend oder sogar kontraproduktiv sind; und man muss erkennen, wie man vorgehen kann, damit möglichst viele effektive Klimaschutz-Maßnahmen rasch umgesetzt werden.

All diese Fragen werden im vorliegenden Buch behandelt – in folgender Reihenfolge:

1. Das erste Kapitel widmet sich der grundlegenden Frage nach dem »Wozu eigentlich?«.
2. Der zweite Abschnitt zeigt auf, wie Klimaschutz als Prozess zu verstehen ist, der in verschiedenste gesellschaftliche Subsysteme eingreift.
3. Das dritte Kapitel beschreibt, wie diese Eingriffe im Sinne konkreter Klimaschutz-Maßnahmen möglichst effektiv gestaltet werden können.
4. Im vierten Abschnitt werden die Faktoren benannt, die für die Priorisierung von Klimaschutz-Maßnahmen von Bedeutung sind.
5. Kapitel fünf stellt dar, welche Beiträge die verschiedenen Gruppen zum Klimaschutz leisten können.
6. Auf Basis all dieser Überlegungen zeigt Abschnitt sechs schließlich auf, wie ein Klimaschutz-Prozess in Unternehmen, Gemeinden und sonstigen Organisationen, aber auch von Privatpersonen erfolgreich umgesetzt werden kann.

Der Fokus des Buches liegt somit auf der prozessualen Ebene: Beim Lesen soll klar werden, *wie* Klimaneutralität erreicht werden kann. *Was* dann getan werden könnte, wird im Rahmen einzelner Beispiele erörtert. Eine vollständige Auflistung effektiver Klimaschutz-Maßnahmen ist jedoch Teil des Buches – und wäre auch gar nicht möglich, da die Effektivität der Maßnahmen stark vom jeweiligen Kontext abhängt.

Insofern haben viele Teile des Buches den Charakter einer Anleitung. Dennoch lohnt es sich, es einmal von vorne bis hinten durchzulesen, um die theoretischen Grundlagen zu verstehen und die Zusammenhänge zu erkennen. Danach kann das Buch bei der Auswahl, Entwicklung und Umsetzung von Klimaschutz-Maßnahmen immer wieder als Hilfsmittel herangezogen werden. Dadurch steigt die Wahrscheinlichkeit, dass man alle wesentlichen Aspekte berücksichtigt.

Dennoch kann und soll dieses Buch nicht vorgeben, wie ein Klimaschutz-Prozess abzulaufen hat. Es zeigt lediglich einen von vielen möglichen Wegen. Ob der Weg, den eine Privatperson oder eine Organisation dann geht, zu 90%, 50% oder nur 10% damit übereinstimmt, ist nebensächlich. Die in diesem Buch verpackten Erkenntnisse werden so oder so hilfreich sein, um effektiver in Richtung Klimaneutralität voranzukommen. Sie beruhen auf über 20 Jahren intensiver Auseinandersetzung mit dem Thema Klimaschutz – im wissenschaftlichen Kontext ebenso wie im zivilgesellschaftlichen Engagement, in der unternehmerischen Arbeit und in der politischen Tätigkeit.

In diesem Sinne wünsche ich eine inspirierende Lektüre. Mögen die Erkenntnisse, die Sie daraus ziehen, ihren Beitrag leisten, um die Überhitzung der Erde zu stoppen.

Graz, im Mai 2024

Inhaltsverzeichnis

1 Klimaschutz – Wozu eigentlich?

Klimaschutz steht für den Schutz der Atmosphäre vor übermäßigen menschlichen Eingriffen. Das entscheidende Wort ist dabei »übermäßig«– denn dass neun Milliarden Menschen Einfluss auf das Klima haben, ist nicht zu verhindern. Aber wenn dieser Einfluss so groß wird, dass sie damit ihre eigenen Lebensgrundlagen zerstören, dann wird es notwendig, das Klimasystem davor zu schützen.

Das Problem dabei ist: Ab wann die menschlichen Eingriffe übermäßig sind, ist schwer zu bestimmen. Im Gegensatz z.B. zur Verschmutzung von Flüssen sind die menschlichen Auswirkungen auf das Klimasystem schwierig zu erkennen. Auch wenn wir Millionen Tonnen CO_2 in die Luft blasen oder hektarweise Flächen versiegeln, ändert sich das Wetter nicht sofort. Im Gegensatz zum stinkenden, braunen Fluss fehlt uns bei vielen Aktivitäten, die das Klima beeinflussen, die unmittelbare Rückkoppelung. Die Auswirkungen sind oft erst Jahrzehnte später zu beobachten, wenn Gletscher abschmelzen, Wetterextreme zunehmen oder der Meeresspiegel steigt.

Klimaschutz soll diese Rückkoppelung zeitnah herstellen: Er soll das Klimasystem vor übermäßigen menschlichen Eingriffen schützen – damit es so stabil bleibt, dass auch künftige Generationen einen lebenswerten Planeten vorfinden. Ebenso wie bei einem Fluss, der nur eine bestimmte Menge an Abwässern verträgt, gibt es auch in der Atmosphäre bestimmte Grenzen, die nicht überschritten werden dürfen. Klimaschutz soll dies gewährleisten.

1.1 Die Bedeutung des Klimas

Das Leben auf der Erde ist von einem funktionierenden Klimasystem abhängig: Es sorgt dafür, dass in weiten Teilen erträgliche Temperaturen und ausreichende Niederschläge vorherrschen. Doch das Klimasystem ist nicht so stabil, wie es scheint: Es gab Zeiten, in denen es deutlich kälter war als heute; es gab aber auch Zeiten, in denen es deutlich heißer war. Beides schränkte das Leben auf der Erde stark ein. In Grönland und in der Sahara leben deshalb auch heute kaum Menschen.

Seit mehreren hunderttausend Jahren ist das Klima nun relativ stabil, was maßgeblich für die Entwicklung des Menschen war. Konstante Temperaturen und Niederschläge boten unseren Vorfahren in wärmeren Regionen ideale Bedingungen. Dadurch wuchs die Anzahl der Menschen – und sie drangen in kühlere Gebiete vor. Dort entwickelten sie Techniken, um auch die längeren, kalten Winter zu überleben – von warmer Kleidung über Ackerbau und Viehzucht bis hin zur Errichtung von Gebäuden. So wurde es letztlich möglich, weite Teile der Erde zu besiedeln.

Heute sind wir durch ein global vernetztes Wirtschaftssystem weitgehend unabhängig von der aktuellen Witterung. Das Klimasystem ist insgesamt (noch) stabil genug, damit sich neun Milliarden Menschen versorgen können. Selbst wenn in einzelnen Regionen ganze Ernten ausfallen, können diese – zumindest rechnerisch – kompensiert werden.

Doch seit einigen Jahren ändert sich das Klima spürbar: Die Durchschnittstemperaturen steigen, Gletscher und Meereis gehen markant zurück und Extremereignisse werden häufiger. Im Juni 2021 beispielsweise brannte Lytton, eine Kleinstadt in Kanada, vollständig nieder – einen Tag nachdem es den neuen Temperaturrekord von 49,5 °C gemeldet hatte. Der Westen Deutschlands wurde fast zur gleichen Zeit von einem Hochwasser heimgesucht, das ganze Landstriche verwüstete. Noch schlimmer erwischte es im Sommer 2023 Libyen in Nordafrika, wo nach Dammbrüchen Tausende Menschen in den Fluten ertranken. Dem waren Regenmengen vorausgegangen, die die bisherigen Rekordwerte um ein Vielfaches übertrafen.

Diese Liste ließe sich beliebig fortführen – vom Rückgang der Alpengletscher über Hagel in Rekordgröße bis hin zur Dürre in Europa, die auch 2023 wieder einige Pegelstände auf ein Allzeit-Tief sinken ließ. Letztlich brach das Jahr 2023 global viele Temperaturrekorde, was zeigt, dass sich das Klima bereits verändert – und sich damit nach und nach auch unsere Lebensbedingungen.

Besonders dramatisch sind die Auswirkungen in den Ländern des Globalen Südens, in denen Hitze und Dürre jedes Jahr Tausende Todesopfer fordern. Es ist davon auszugehen, dass bei weiter steigenden Temperaturen immer mehr Menschen aus diesen Ländern die Flucht in kühlere Regionen antreten. Freiwillig verhungern und verdursten wird niemand.

In Europa kommen also mehrere Faktoren zusammen: Durch steigende Temperaturen und veränderte Niederschlagsmuster nehmen die Unsicherheiten bei der Versorgung mit Wasser und Nahrungsmitteln zu. Gleichzeitig werden sich mehr und mehr Menschen auf den Weg nach Europa machen, weil in ihren Herkunftsländern keine gesicherte Versorgung mehr möglich ist.

Aber es geht noch weiter: Wird der aktuelle Pfad beibehalten, ist bis zum Jahr 2100 mit einer Erhöhung der globalen Durchschnittstemperaturen um mehr als drei Grad zu rechnen. Das bedeutet Dürren und Hungersnöte für Milliarden Menschen – und in weiterer Folge Kriege um die verbleibenden Ressourcen. Gleichzeitig steigt das »Risiko einer unkontrollierten Erderhitzungsspirale«. Das bedeutet: Der Klimawandel hat das Potenzial, den gesamten Planeten für Menschen (und auch für die meisten Tier- und Pflanzenarten) unbewohnbar zu machen. Dies ist bei einer Erhöhung der Durchschnittstemperaturen um fünf Grad über das vorindustrielle Niveau zu erwarten (*vgl. Abbildung 1*).

Unbestritten ist, dass es in der Natur Prozesse gibt, die eine solche »unkontrollierte Erderhitzungsspirale« in Gang bringen können. Bekannt ist z.B. die *Eis-Albedo-Rückkoppelung*: Die Lufttemperatur steigt – helles Eis schmilzt – dunkles Gestein kommt an die Oberfläche – die Lufttemperatur steigt weiter – noch mehr Eis schmilzt – noch mehr dunkles Gestein kommt an die Oberfläche usw.

In Grönland ist dies bereits zu beobachten: Wenn dort der gesamte Eisschild abschmilzt, ist mit einem Anstieg des Meeresspiegels um rund sieben Meter zu rechnen. Dämme in dieser Höhe können nicht errichtet werden. Somit würden Hunderte Millionen Menschen, die nahe an den Küsten leben, ihre Heimat verlieren.

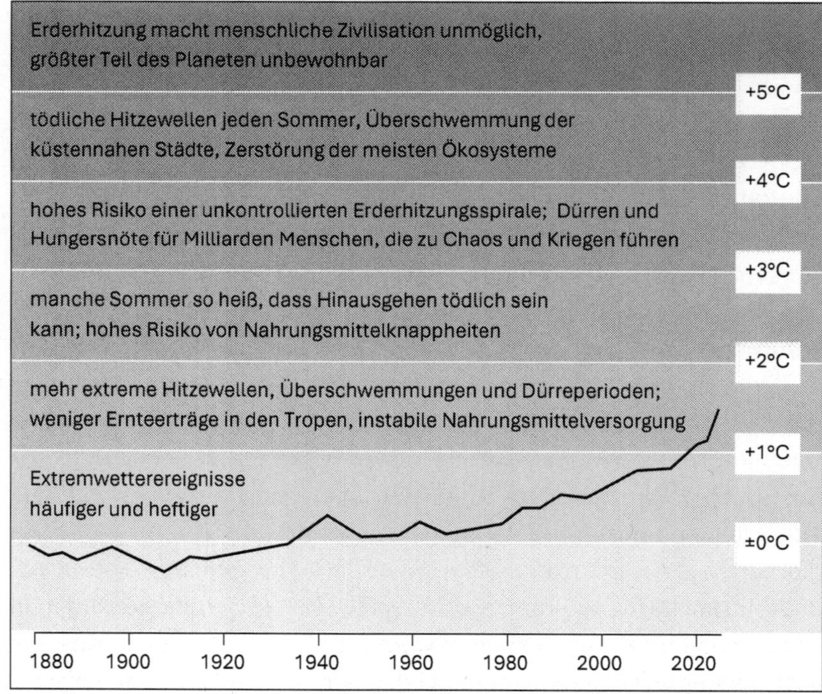

Abbildung 1: Entwicklung der globalen Durchschnittstemperaturen seit 1880 und die Folgen einer weiteren Erderhitzung (Gregor AISCH: What different degrees of global warming look like; übersetzt und erweitert)

Das zentrale Anliegen des Klimaschutzes ist es daher, das In-Gang-Kommen von solchen selbstverstärkenden Rückkoppelungskreisläufen zu verhindern – oder vereinfacht ausgedrückt, dafür zu sorgen, dass das Klima nicht kippt. Die meisten Forscher:innen gehen davon aus, dass die Wahrscheinlichkeit dafür ab 1,5 °C über dem vorindustriellen Niveau deutlich ansteigt. Doch schon bis 2023 ist die globale Durchschnittstemperatur um 1,48 °C gestiegen. Das heißt: *Es bleiben nur mehr wenige Jahre Zeit, um eine Überhitzung des Planeten zu verhindern.*

1.2 Wie der Mensch das Klima beeinflusst

Es ist nicht neu, dass wir Menschen das Klima beeinflussen. Auf lokaler und regionaler Ebene passiert das schon lange: So verändert das großflächige Abholzen von Wäldern die Niederschlagsmuster, wie man es in den Tropen seit Jahrzehnten beobachten kann. In Städten führen die Versiegelung von Flächen und die Errichtung hoher Gebäude zur Ausbildung von Hitzeinseln, weshalb die Temperaturen in dicht verbauten Gebieten deutlich stärker anstiegen als in ländlichen Regionen.

Doch die beobachtete globale Erwärmung lässt sich durch diese regionalen Entwicklungen nicht erklären. Auch Veränderungen der Sonnenaktivität oder der kosmischen Strahlung, das Ozonloch, Vulkanausbrüche, eine höhere Wasserdampf-Konzentration oder die Abwärme von Gebäuden, Motoren etc. spielen bei den beobachteten globalen Klimaveränderungen der letzten Jahrzehnte keine oder eine sehr untergeordnete Rolle. Aerosole, also kleine Schwebeteilchen in der Atmosphäre, tragen ebenso wenig zur Temperaturerhöhung bei – im Gegenteil, sie haben tendenziell sogar einen kühlenden Effekt.

Erklären lässt sich die aktuellen Erhitzung der Erde nur durch die steigende Konzentration von CO_2 und anderen »Treibhausgasen« in der Atmosphäre. Diese bewirkt, dass weniger langwellige Strahlung, die von der Erde ausgeht, ins Weltall entweichen kann – wodurch sich die Lufthülle des Planeten erwärmt. Grundsätzlich ist dieser »Treibhauseffekt« positiv – ohne ihn wäre die Erde im Jahresdurchschnitt um rund 33 Grad kühler. Das Problem ist, dass die Treibhausgas-Konzentration in den letzten Jahrzehnten massiv anstieg: Heute enthält die Atmosphäre um 50% mehr CO_2 als in der vorindustriellen Zeit – und damit mehr als in den letzten drei Millionen Jahren.

Dieser rasche Anstieg der Treibhausgas-Konzentration ist eindeutig auf menschliche Aktivitäten zurückzuführen. Im Wesentlichen verantwortlich dafür sind:

⇒ Energiegewinnung aus fossilen Energieträgern (Kohle, Öl, Gas)
⇒ Industrie (z.B. Herstellung von Zement)
⇒ Landwirtschaft (v.a. Tierzucht, chemische Düngemittel)
⇒ Landnutzungsänderungen (z.B. Entwaldung, Versiegelung)

Die Energiegewinnung aus fossilen Energieträgern ist dabei die Triebfeder: Durch die Verbrennung von Kohle, Öl und Gas wurden große industrielle Prozesse, Massentierhaltung, intensive Landwirtschaft und großflächige Landnutzungsänderungen überhaupt erst möglich. Dementsprechend ist vor allem bei den fossilen Energieträgern anzusetzen, um das Risiko einer unkontrollierten Erderhitzungsspirale gering zu erhalten.

1.3 Stoßrichtungen für Klimaschutz

In diesem Sinne wäre es naheliegend, die fossilen einfach durch erneuerbare Energieträger zu ersetzen. Doch dies ist nicht immer möglich: Während Kohle, Öl und Gas jederzeit genutzt werden können, sind Wind, Sonne und z.T. auch Wasser nicht durchgehend verfügbar. Gleichzeitig ist die Menge an Holz und anderen biogenen Stoffen, die verbrannt werden könnten, begrenzt. Hinzu kommt, dass diese nicht ausreichen, um die notwendigen Temperatur für bestimmte industrielle Prozesse zu erreichen (z.B. Stahlindustrie).

Überhaupt bräuchte es extrem viele zusätzliche Photovoltaik-, Windkraft-, Wasserkraft- und Biomasse-Anlagen, um die fossil gewonnene Energie nur zu ersetzen; steigt der Energiebedarf weiter, erscheint es fast utopisch. Atomkraft scheidet als Alternative u.a.

aufgrund der Strahlungsgefahr und der ungelösten Frage der Endlagerung aus. Und neue Technologien wie z.B. Kernfusion sind viel zu weit weg von der Marktreife, als dass sie in den nächsten Jahren einen substanziellen Beitrag zur Energieversorgung leisten könnten.

Diese Überlegungen zeigen: Es greift viel zu kurz, sich beim Klimaschutz nur mit dem Umstieg auf erneuerbare Energien zu beschäftigen – insbesondere vor dem Hintergrund, dass der globale Energiebedarf durch die Ausbreitung des westlichen Lebens- und Wirtschaftsmodells nach wie vor steigt.

Wirksamer Klimaschutz muss weiter gehen und hinterfragen, ob die viele Energie tatsächlich benötigt wird. Die wichtigste Stoßrichtung im Klimaschutz ist daher nicht der Umstieg auf erneuerbare Energie, sondern viel grundsätzlicher, die Verhinderung eines weiteren Anstiegs der Treibhausgas-Konzentration in der Atmosphäre. Dies gelingt nur durch eine deutliche *Reduktion der vom Menschen verursachten Treibhausgas-Emissionen*. Die Bindung von Treibhausgasen aus der Atmosphäre (»Carbon Capture and Storage«) kann hingegen höchstens vorübergehend einen kleinen Beitrag leisten, sind die Potenziale dafür doch sehr begrenzt (*vgl. Kapitel 3.3*).

Bei der Reduktion der Treibhausgas-Emissionen geht es aber nicht nur um das Verändern oder Beenden bestehender Prozesse, sondern auch darum, keine neuen Prozesse zu beginnen – d.h. z.B. keine fossilen Kraftwerke, keine energieintensiven Fabriken und keine großen Viehzucht-Betriebe mehr zu errichten.

Dies ist besonders relevant, weil fast alle diese Prozesse zusätzliche Flächen benötigen: Landnutzungsänderungen verursachen daher nicht nur unmittelbar Treibhausgas-Emissionen – sie sind in der Regel auch der Ausgangspunkt für weitere klimaschädliche Aktivitäten. Diese reichen von der Flächenversiegelung und der Errichtung von Gebäuden über die permanente Nutzung als Verkehrs-, Wohn- oder Betriebsflächen bis hin zu Instandhaltung und Sanierung. Hinzu kommt, dass die kühlende Wirkung der Vegetation durch Beton- oder Brachflächen ersetzt wird, die sich deutlich stärker aufheizen, gleichzeitig aber bei Starkregenereignissen deutlich weniger Wasser aufnehmen können.

Besonders ins Gewicht fällt, dass dieser Prozess auch kaum rückgängig zu machen ist: Ist eine Fläche einmal entwaldet oder gar versiegelt und bebaut, dauert es mehrere Jahrzehnte, bis dort wieder ein naturnaher Zustand hergestellt werden kann. Zudem verursacht die Entsiegelung selbst weitere Emissionen – vor allem dann, wenn sie mit dem Abbruch von Gebäuden einhergeht.

Durch diese Wechselwirkungen kommt der *Reduktion des Bodenverbrauchs* ebenfalls eine zentrale Bedeutung im Klimaschutz zu. Sie ist essenziell, um den Anstieg der Treibhausgas-Emissionen direkt und indirekt einzubremsen – aber auch, um zu vermeiden, dass sich die Klimaveränderung regional noch stärker auswirkt als es ohnehin schon der Fall ist. Aus diesen Gründen wird die Reduktion des Bodenverbrauchs in weiterer Folge in einem Atemzug mit der Reduktion der Treibhausgas-Emissionen als zweite wichtige Stoßrichtung genannt (*vgl. Abbildung 2*).

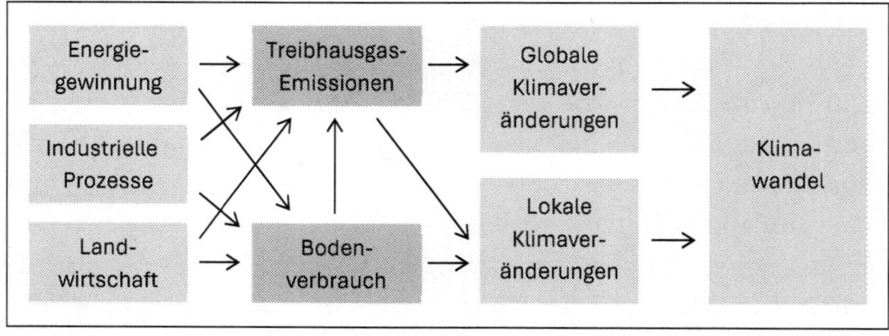

Abbildung 2: Wirkungen menschlicher Aktivitäten auf den Klimawandel

1.4 Klimaneutralität als oberstes Ziel

Letztendlich soll durch Klimaschutz erreicht werden, dass die menschlichen Aktivitäten keinen übermäßigen Einfluss mehr auf das

Klima haben. Diesen Zustand bezeichnet man als *Klimaneutralität*. Klimaneutralität stellt somit das höchste Ziel des Klimaschutzes dar.

In der Regel wird Klimaneutralität vor allem mit einer Reduktion der Treibhausgas-Emissionen in Verbindung gebracht: Werden durch menschliche Aktivitäten keine Treibhausgase mehr freigesetzt oder werden die freigesetzten Treibhausgase durch Kompensations-Maßnahmen (*vgl. Kapitel 3.3*) vollständig ausgeglichen, spricht man von Klimaneutralität. Tatsächlich wird dies aber nur dann möglich sein, wenn auch der Bodenverbrauch deutlich zurückgeht – also keine zusätzlichen Wälder mehr gerodet und keine Wiesen und Felder mehr versiegelt oder bebaut werden (*vgl. Kapitel 1.3*).

Klimaneutralität wurde auch von der Politik als oberstes Ziel definiert: Die Europäische Union möchte bis 2050 klimaneutral sein, Deutschland bis 2045, Österreich bis 2040. Dabei ist zu berücksichtigen, dass Treibhausgas-Emissionen und Flächenverbrauch nicht erst langsam zurückgehen sollen, sondern die größte Reduktion in den kommenden Jahren geschehen muss, um ein Kippen des Klimasystems mit relativ hoher Wahrscheinlichkeit zu verhindern (vgl. *Abbildung 3*).

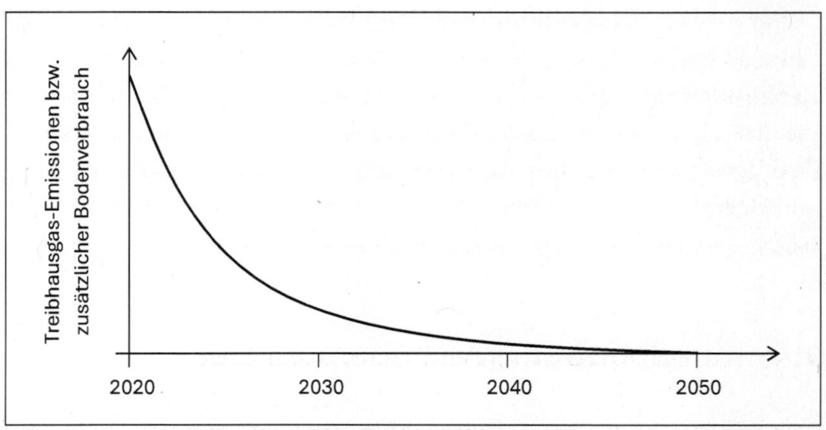

Abbildung 3: Klimaverträgliche Entwicklung von Treibhausgas-Emissionen und Bodenverbrauch in Europa (schematische Darstellung)

Leider fehlt den Bekenntnissen der Politik jedoch die Substanz: Zwar sind z.B. in Österreich die Emissionen in den letzten Jahren deutlich gesunken, dennoch drohen nach wie vor Strafzahlungen in Millionenhöhe. Auf ein verbindliches Klimaschutz-Gesetz wartet man 2024 ebenso wie auf klar festgelegte Ziele für den Bodenschutz.

Dies ist jedoch nicht allein der Politik anzukreiden: Auch Unternehmen, andere Organisationen und Einzelpersonen tun bei Weitem nicht alles, was in ihrer Macht steht, um ihren Einfluss auf das Klimasystem zu minimieren. Viele schauen einfach weg und überlassen die Verantwortung den anderen. Tatsächlich ist es Aufgabe der Politik, Rahmenbedingungen zu schaffen, die es Unternehmen, anderen Organisationen und Einzelpersonen leicht machen, ihre Treibhausgas-Emissionen und ihren Bodenverbrauch zu reduzieren. Erreichbar ist das Ziel Klimaneutralität letztlich aber nur dann, wenn alle Menschen ihren Beitrag dazu leisten – egal ob im Privatleben, im Beruf, in öffentlichen Debatten oder an der Wahlurne.

Was man selbst zum Ziel »Klimaneutralität« beiträgt, kann nicht davon abhängig gemacht werden, was die Menschen in anderen Ländern tun oder nicht tun. Klimaschutz bringt auch die Wirtschaft nicht um – im Gegenteil, er ist Voraussetzung dafür, dass auch zukünftige Generationen noch gut wirtschaften können. Europa hat beste Voraussetzungen dafür, Vorreiter im Klimaschutz zu werden. Historisch betrachtet sind die westlichen Länder ohnehin fast allein für die drohende Überhitzung der Erde verantwortlich. Daher ist es jetzt ihre Verantwortung, mit gutem Beispiel voranzugehen und so auch künftigen Generationen die Chance auf ein gutes Leben zu geben.

2 Klimaschutz als Prozess

Wenn klar ist, wozu man das Klima schützen sollte, folgt die Frage des »*Wie?*«. Diese ist nicht einfacher zu beantworten, ist doch schon das Klima an sich ein komplexes System. Nach jahrzehntelanger, intensiver Forschung kann man heute aber zumindest davon ausgehen, dass man die wesentlichen Zusammenhänge in diesem System versteht – und daraus schlussfolgern, was aus naturwissenschaftlicher Sicht getan werden müsste, um Klimaneutralität zu erreichen (*vgl. Kapitel 1*).

Hinter Treibhausgas-Emissionen und Bodenverbrauch stecken jedoch nicht nur naturwissenschaftliche Prozesse: So lässt sich zwar physikalisch beschreiben, wie z.B. ein einzelnes Flugzeug zur steigenden CO_2-Konzentration beiträgt – doch um die Freisetzung dieser Emissionen zu vermeiden, ist es auch nötig zu verstehen, *wozu* Flugzeuge überhaupt eingesetzt werden. Daraus ergeben sich wiederum gesellschaftliche, wirtschaftliche und politische Fragen, die mit naturwissenschaftlichen Methoden nicht zu beantworten sind.

Die Komplexität der Problemstellung erfordert ein systemisches Herangehen. Klimaschutz ist dafür zunächst als Prozess zu betrachten: Zweck dieses Prozesses ist es, die gesellschaftlichen Subsysteme wie Wirtschaft, Politik, Wissenschaft, Bildung, Religion oder Kunst so zu verändern, dass sie keinen übermäßigen Einfluss mehr auf das Klimasystem haben (d.h. dass die dadurch verursachten Treibhausgas-Emissionen und der dadurch verursachte Bodenverbrauch auf ein klimaverträgliches Maß reduziert werden). Dies beeinflusst wiederum jene Prozesse, die innerhalb der Systeme ablaufen. *Abbildung 4* zeigt symbolisch, dass einige davon direkt und andere (durch die Vernetzung untereinander) indirekt betroffen sind. In der Wirtschaft ist beispielsweise der Prozess des Verkaufens direkt betroffen, weil dieser häufig Verkehr verursacht – während der Prozess der Buchhaltung nur indirekt betroffen ist, da diese nicht unmittelbar zu Emissionen oder Bodenverbrauch führt.

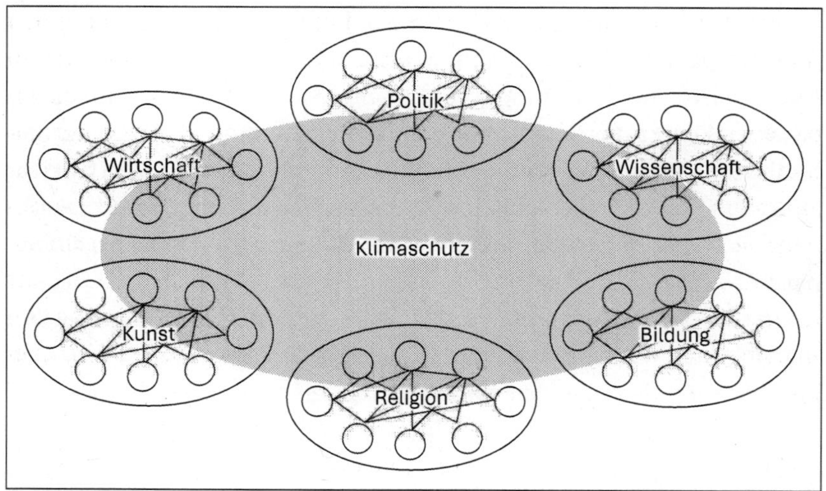

Abbildung 4: Einfluss von Klimaschutz auf Prozesse in gesellschaftlichen Subsystemen

2.1 Eingriffe in komplexe Systeme

Die Komplexität dieser Subsysteme bedingt, dass die Wirkungen von Eingriffen nicht mit Sicherheit vorhergesagt werden können. Auch nach langjähriger Beobachtung des Systemverhaltens kann man nur mit einer gewissen Wahrscheinlichkeit davon ausgehen, dass bestimmte Eingriffe bestimmte Veränderungen bewirken werden. Im Idealfall lässt sich dafür eine Schwankungsbreite angeben, innerhalb derer eine Veränderung mit z.B. 90%iger Wahrscheinlichkeit eintritt.

Diese Vorhersagbarkeit sinkt mit der Komplexität der Systeme – und die Subsysteme, die Treibhausgas-Emissionen und Bodenverbrauch verursachen, sind höchst komplex: Ihre Systemstruktur und ihr daraus resultierendes Systemverhalten basieren auf dem Zusammenspiel zahlreicher sogenannter *Attraktoren.* In der Wirtschaft wären das beispielsweise der finanzielle Gewinn oder die Sicherung von Arbeitsplätzen.

Ein intaktes Klima als zusätzlichen Attraktor hinzuzufügen, führt nicht automatisch dazu, dass sich das System dann in der gebotenen Geschwindigkeit in Richtung Klimaneutralität bewegt. Vielmehr gilt es, eine solche Richtungsänderung durch gezielten Eingriffe herbeizuführen bzw. zu unterstützen. Ziel ist es dabei, dass der Attraktor »intaktes Klima« im Vergleich zu den anderen Attraktoren mehr Gewicht bekommt. Im Idealfall nähern sich diese durch den Eingriff sogar näher an, sodass z.B. für ein Unternehmen die Entwicklung zur Klimaneutralität, die Erzielung von Gewinnen und die Sicherung von Arbeitsplätzen keine unvereinbaren Gegensätze darstellen (*vgl. Szenario B in Abbildung* 5).

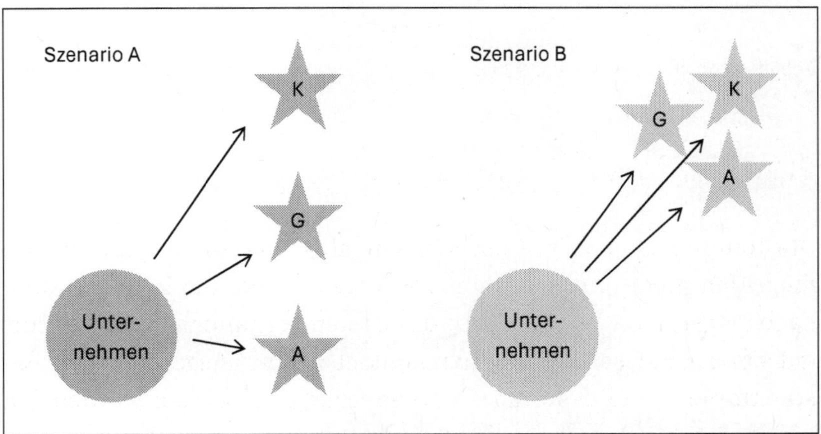

Abbildung 5: Klimaschutz als zusätzlicher Attraktor für das System Unternehmen (K = intaktes Klima, G = Gewinn, A = Sicherung der Arbeitsplätze)

Die dafür nötigen Eingriffe, die Systemstruktur und Systemverhalten verändern, werden als *permanente, überkritische Energieeinträge* bezeichnet. Sie werden vom Attraktor aus entwickelt und wirken auf die bestehenden Prozesse innerhalb des Systems.

Das Problem dabei ist: Ob ein bestimmter Eingriff »permanent« oder »überkritisch« sein wird oder nicht, lässt sich nicht vorhersagen. Man kann die Wirkungen nur über gewisse Indikatoren beobachten – im Falle des Klimaschutzes anhand der jährlichen Treibhausgas-Emissionen oder der jährlichen Veränderungen der Landnutzung. Auf dieser Basis lässt sich im Nachhinein beurteilen, wie sich bestimmte Eingriffe auf die Werte ausgewirkt haben. Eine Veränderung der Werte legt nahe, dass der Eingriff überkritisch war; ist diese Veränderung von Dauer, war er auch permanent. Folgende Beispiele veranschaulichen dies:

- ⇒ Der Bau von Fahrrad-Infrastruktur an der »richtigen« Stelle kann ein permanenter, überkritischer Energieeintrag sein, wenn dadurch messbar mehr Menschen ihre Wege mit dem Fahrrad statt mit dem Auto zurücklegen.
- ⇒ Errichtet man die Fahrrad-Infrastruktur an der »falschen« Stelle, kann es sein, dass der Energieeintrag nicht überkritisch wirkt, weil dadurch kein Mensch zusätzlich vom Auto auf das Fahrrad umsteigt, sondern sich nur der bestehende Radverkehr auf die neu geschaffene Verbindung verlagert.
- ⇒ Führt man eine Aktion zur Bewusstseinsbildung durch, statt neue Fahrrad-Infrastruktur zu bauen, kann diese zwar überkritisch wirken und kurzfristig zu messbaren Veränderungen im Mobilitätsverhalten führen; fällt mit dem Ende der Aktion der Attraktor zur Verhaltensänderung wieder weg, fällt jedoch auch das System wieder in seine alte Struktur zurück – und der Energieeintrag wirkt nicht permanent.

Zusätzlich ist zu berücksichtigen, dass einerseits nicht alle Eingriffe sofort wirksam werden, sich andererseits aber einzelne Eingriffe überlagern und durch Umwelteinflüsse zusätzlich verstärkt oder abgeschwächt werden können. Das führt dazu, dass bei komplexen Systemen letztlich die Wirkungen nicht exakt gemessen werden können.

Dennoch ist es nicht unmöglich, die Wirkung von Eingriffen zu bewerten. Hilfreich sind dabei die gesammelten wissenschaftlichen Erkenntnisse, die in vielen Fällen zumindest eine Abschätzung erlauben, wie bestimmte Eingriffe auf bestimmte Systeme wirken. Dazu gehören neben den Wirkungen auf das Klimasystem auch andere ökologische, soziale, ökonomische und politische Folgen, die bei Eingriffen berücksichtigt werden müssen, um nicht unerwünschte »Nebenwirkungen« zu erzeugen (*vgl. Kapitel 4*).

2.2 Prozesse gestalten

In diesem Zusammenhang ist es wichtig zu verstehen, dass solche Eingriffe in Systeme keine »Add-Ons« sind und man daneben bequem weiter machen kann wie bisher. Im Gegenteil: Die Reduktion von Treibhausgas-Emissionen und Bodenverbrauch ist so komplex, dass dadurch Wechselwirkungen mit anderen Prozessen innerhalb des jeweiligen Systems unvermeidlich sind.

Um dennoch wirksame Maßnahmen setzen zu können, gilt es, die relevanten Prozesse von Anfang an möglichst strukturiert zu erfassen – ausgehend von jenen, die unmittelbar Treibhausgas-Emissionen und/oder Bodenverbrauch auslösen. Dies kann der Anbau von Mais ebenso sein die Fahrt mit einem Auto oder die Errichtung eines Gebäudes; die Herstellung von Stahl ebenso wie das Öffnen der Fenster; der Beschluss eines Gesetzes ebenso wie der Kauf einer Limonade. Vieles von dem, was Politik, Unternehmen, andere Organisationen und Einzelpersonen Tag für Tag tun, ist klimarelevant. Klimaschutz beeinflusst somit zwangsläufig das Alltagsleben der Menschen.

Vordergründig sichtbar wird Klimaschutz vor allem bei Eingriffen in *bestehende* Prozesse, sodass diese in Zukunft keine Treibhausgas-Emissionen und keinen zusätzlichen Bodenverbrauch mehr verursachen. Dafür gibt es grundsätzlich zwei Möglichkeiten:

- ⇒ Prozesse *verbessern*: Prozesse können anders gestaltet werden. Wenn z.B. Dienstreisen mit dem Zug statt mit Auto oder Flugzeug zurückgelegt werden, ändert sich am Prozess an sich wenig – Treibhausgas-Emissionen und Flächenbedarf sind jedoch um ein Vielfaches geringer.
- ⇒ Prozesse *beenden*: Prozesse, bei denen keine oder nur geringfügige Verbesserungen möglich sind, können gestoppt (und ggf. durch andere, klimaverträglichere Prozesse ersetzt) werden. Gewisse Dienstreisen z.B. sind gar nicht notwendig, wenn ein bestimmtes Meeting nur mehr einmal monatlich stattfindet und nicht mehr alle 14 Tage.

Systemisch gedacht geht Klimaschutz jedoch weit über das Eingreifen in bestehende Prozesse hinaus. Klimaschutz mit System bedeutet auch, dass man neue, *zusätzliche* Prozessen berücksichtigt. Auch in diesem Kontext gibt es zwei Möglichkeiten:

- ⇒ Prozesse *beginnen*: Wenn im System bestimmte, klimaschutzrelevante Prozesse fehlen, können diese neu gestartet werden. Dazu gehört z.B. in Unternehmen die Einführung von Online-Meetings, die deutlich weniger Treibhausgas-Emissionen und Bodenverbrauch verursachen als Live-Meetings, zu denen alle Teilnehmer:innen per Flugzeug reisen. Diese Prozesse können völlig neu hinzugefügt werden oder andere Prozesse, die beendet wurden, ersetzen.
- ⇒ Prozesse *unterlassen*: Bestimmte, nicht-klimaneutrale Prozesse, können von vorneherein unterlassen werden – damit negative Wirkungen auf das Klimasystem erst gar nicht entstehen. Dies könnte in einem Unternehmen beispielsweise die Einführung neuer Bestimmungen sein, die eine erhöhte Dienstreisetätigkeit zur Folge haben.

Abbildung 6 zeigt zusammenfassend, wie mit welchen Prozessen umzugehen ist – je nachdem, ob es sich klimaneutrale oder nicht-klimaneutrale bzw. bestehende oder zusätzliche Prozesse handelt.

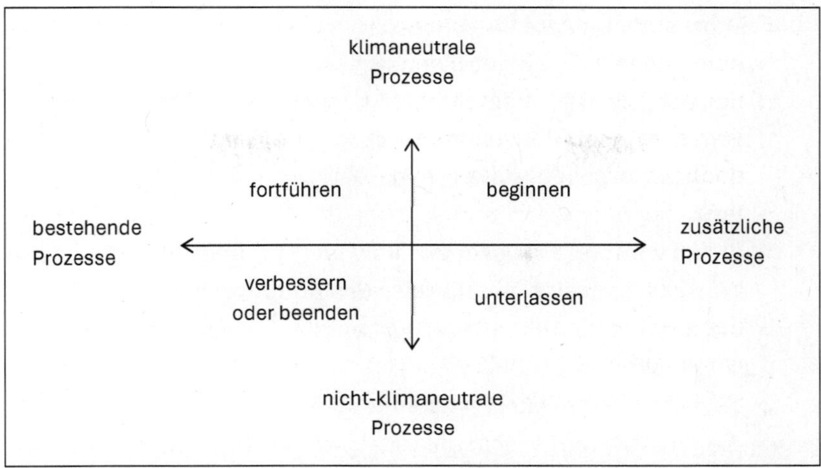

Abbildung 6: Optionen zur Gestaltung von Prozessen in Richtung Klimaneutralität

Um das System letztlich in Richtung Klimaneutralität zu bewegen, sind alle klimarelevanten Prozesse innerhalb des jeweiligen Systems zu adressieren: Bestehende Prozesse sind klimaneutral zu gestalten oder zu beenden und zusätzliche Prozesse nur dann zu beginnen, wenn diese klimaneutral sind.

2.3 Gezielte Klimaschutz-Maßnahmen

Diese systemischen Betrachtungen zeigen, dass es – zumindest in der Theorie – viele Ansatzpunkten gibt, um die klimarelevanten Prozesse innerhalb eines Systems zu beeinflussen. Die große Frage ist jedoch, wie dies möglichst effektiv gelingen kann – d.h. wie man mit wenig Aufwand viel Wirkung erzielt.

Um die Wahrscheinlichkeit dafür zu erhöhen, kann man die Eingriffe nicht einzeln, sondern gut aufeinander abgestimmt und in einer bestimmten Reihenfolge durchführen. Daraus ergeben sich Bündel von Eingriffen, die in weiterer Folge als *Maßnahmen* bezeichnet werden.

Eine Maßnahme umfasst vor allem

⇒ einen aussagekräftigen *Titel*,

⇒ den *Ablauf* der Maßnahme (d.h. welche Eingriffe in welche Prozesse wann erfolgen und welche Veränderungen sich dadurch ergeben sollen; inkl. Dauer und Verantwortlichkeiten),

⇒ die (erwartete) *Klimaschutz-Wirkung* (Veränderung der Treibhausgas-Emissionen und/oder des Bodenverbrauchs),

⇒ die (erwartete) *finanzielle Wirkung* (auf Einnahmen und Ausgaben, einmalig und laufend),

⇒ die (erwarteten) *ökologischen* und *sozialen Wirkungen*,

⇒ die (erwarteten) *Wechselwirkungen* mit anderen Maßnahmen sowie

⇒ die (erwartete) *Akzeptanz* der Maßnahme.

Oberste Priorität hat dabei die Klimaschutz-Wirkung: Das heißt, dass der Ablauf der Maßnahme so zu gestalten ist, dass – im Verhältnis zum Aufwand – eine möglichst optimale Wirkung auf Treibhausgas-Emissionen und Bodenverbrauch erzielt wird. Diese Optimierung kann dazu führen, dass Maßnahmen einen unterschiedlich großen Umfang haben: So kann beispielsweise die Begrenzung des Tempolimits auf Autobahnen auf 100 km/h für sich stehen, weil die Klimaschutz-Wirkung durch den geringeren Energieverbrauch klar zu benennen ist; der Ausbau des öffentlichen Verkehrs wirkt sich jedoch nur dann positiv auf das Klima aus, wenn die Menschen am Ende auch tatsächlich umsteigen – was z.B. erfordert, dass parallel dazu Straßen nicht weiter ausgebaut werden.

In der Planung ist auch zu berücksichtigen, dass verschiedene Maßnahmen oft auf dieselben Prozesse abzielen (vgl. »Wechselwirkungen mit anderen Maßnahmen«). In diesen Fällen bekommt die zeitliche Komponente eine besondere Bedeutung: So kann es sein, dass die Klimawirksamkeit durch die »richtige« Reihenfolge in der Umsetzung deutlich höher wird; oder, dass sich durch eine zeitgleiche Umsetzung bestimmter Maßnahmen Synergien bzgl. der Kosten oder der sonstigen Wirkungen ergeben. In solchen Fällen ist es sinnvoll, Maßnahmen zusammenzuziehen und die erwarteten Wirkungen für alle gemeinsam zu bewerten (*vgl. Kapitel 6.8*).

2.4 Integrierter Klimaschutz

Besonders effektiv sind Klimaschutz-Maßnahmen dann, wenn sie dazu führen, dass Klimaschutz ganz selbstverständlich Teil des Systems wird – also wenn z.B. jeder Gesetzesbeschluss darauf geprüft wird, wie er sich auf Treibhausgas-Emissionen und Bodenverbrauch auswirkt.

Die entscheidende Maßnahme wäre in diesem Fall ein Beschluss, der festlegt, dass bei allen künftigen Gesetzesbeschlüsse eine solche Überprüfung stattzufinden hat – und auch beschreibt, welche Konsequenzen es hat, wenn ein neues Gesetz mehr Treibhausgas-Emissionen oder Bodenverbrauch verursachen würde.

Diese Maßnahme lässt sich auch auf andere Systeme anwenden: Wenn die Wirkung auf das Klimasystem bei allen Entscheidungen mitbedacht wird, steigt die Wahrscheinlichkeit, dass sich das System Richtung Klimaneutralität bewegt. Dies gilt auch für Unternehmen, andere Organisationen und Einzelpersonen: Wenn diese z.B. ein neues Gerät kaufen wollen, stehen ihnen meist mehrere Marken zur Verfügung. Die Frage ist nun: Welches Gerät verursacht – über den gesamten Lebenszyklus betrachtet – die wenigsten Treibhausgas-Emissionen? Bzw. noch weiter gedacht: Brauchen sie dieses Gerät tatsächlich? Und wenn ja: Brauchen sie es in dieser Ausführung? Oder gäbe es Alternativen?

Wenn derartige Fragen ganz automatisch bei jeder Entscheidung gestellt werden, spricht man von *integriertem Klimaschutz*. Das betrifft dann nicht nur Kauf- und Investitionsentscheidungen, sondern auch grundsätzlichere Fragen wie die Wahl des Wohn- und Arbeitsorts, des Firmensitzes oder die Wahl des Berufs bzw. der Mitarbeiter:innen. Wenn ein Mensch oder eine Organisation Klimaschutz wirklich integriert hat, wird er oder sie bei allen Entscheidungen danach trachten, Treibhausgas-Emissionen und Bodenverbrauch so weit wie möglich zu minimieren. Dadurch bewegt sich die Einzelperson, das Unternehmen oder der Staat ganz selbstverständlich in Richtung des Attraktors »intaktes Klima«.

3 Kategorisierung von Klimaschutz-Maßnahmen

Durch die Umsetzung gezielter Klimaschutz-Maßnahmen (*vgl. Kapitel 2.3*) und die Integration des Themas in alle Entscheidungen (*vgl. Kapitel 2.4*) können die negativen Auswirkungen auf das Klimasystem konsequent minimiert werden. Angesichts des Zeitdrucks stellt sich jedoch die Frage, wie dies möglichst rasch geschehen kann.

Dafür ist die Effektivität der gesetzten Maßnahmen ausschlaggebend – also, dass man mit minimalem Aufwand maximale Ergebnisse erzielt: Klimaschutz-Maßnahmen sind effektiv, wenn sie hohe Klimaschutz-Wirksamkeit mit geringen Kosten (oder sogar Einsparungen) kombinieren, ökologisch und sozial neutral (oder sogar positiv) wirken und im Zusammenspiel mit anderen Maßnahmen positive Synergieeffekte erzeugen. Aber bei welchen Maßnahmen ist dies am ehesten zu erwarten?

Versucht man, die Wirkungen jeder einzelnen Maßnahme in allen Aspekten zu bewerten, steht man schnell vor dem Problem, dass der Aufwand für diese Bewertung sehr hoch wird. Das führt zu der Frage, ob nicht durch die Abschätzung der Wirkungen zumindest eine Vorauswahl an tendenziell effektiven Maßnahmen getroffen werden kann.

Systemisches Denken legt für solch eine Fragestellung eine Kategorisierung nach der Art der Eingriffe nahe (*vgl. Kapitel 2.2*): Sollen Prozesse nur verändert werden? Sollen sie ersetzt oder gar komplett beendet werden? Dürfen sie weiterlaufen, wenn andere Prozesse hinzugefügt werden, die die negativen Wirkungen kompensieren? Oder soll verhindert werden, dass sie überhaupt in Gang kommen? Aus diesen Fragen ergeben sich fünf Maßnahmen-Kategorien:

⇒ Prozesse fortführen, aber verändern = Effizienz-Maßnahme (*vgl. Kapitel 3.1*)

⇒ Prozesse beenden und durch neue Prozesse ersetzen = Substitutions-Maßnahme (*vgl. Kapitel 3.2*)

⇒ Prozesse gleich fortführen und andere Prozesse beginnen = Kompensations-Maßnahme (*vgl. Kapitel 3.3*)

⇒ Prozesse beenden, aber nicht durch neue Prozesse ersetzen = Suffizienz-Maßnahme (*vgl. Kapitel 3.4*)

⇒ nicht-klimaverträgliche Prozesse von vorneherein unterlassen oder völlig neue, klimaneutrale Prozesse beginnen = Präventions-Maßnahme (*vgl. Kapitel 3.5*)

Setzt man diese Kategorien in ein Verhältnis zueinander, wird klar, welche Art von Maßnahme welchen Stellenwert hat, um effektiv in Richtung Klimaneutralität voranzukommen (*vgl. Kapitel 3.6*).

3.1 Effizienz-Maßnahmen

»Wir müssen die Effizienz steigern.« Dies ist oft eine der ersten Aussagen, die man zum Thema Klimaschutz hört. Dementsprechend viel Geld wird von Unternehmen und der öffentlichen Hand in Forschung und Entwicklung investiert. Durch technologische Innovationen und Digitalisierung soll alles effizienter und damit auch klimaverträglicher ablaufen, so das Versprechen.

Grundsätzlich bedeutet *Effizienz*, bestehende Prozesse so zu verändern, dass der Output im Verhältnis zum Input steigt (*vgl. Abbildung 7*) – also dass man z.B. durch technologische Verbesserungen mit weniger Treibstoff eine höhere Motorleistung erzielt. Dies ist im Sinne des Klimaschutzes, bedeutet weniger Treibstoffverbrauch doch auch weniger Treibhausgas-Emissionen.

Allerdings tritt bei Effizienz-Maßnahmen häufig der sogenannte *Rebound-Effekt* ein. Bei Autos lässt sich das gut beobachten: Zwar sind deren Motoren heute deutlich effizienter als vor 30 Jahren, der Verbrauch ist aber nicht im selben Ausmaß zurückgegangen, weil die

Fahrzeuge im Durchschnitt immer schwerer und mit immer mehr Funktionen ausgestattet wurden. Ähnlich ist es bei den LED-Lampen: Diese verbrauchen nur einen Bruchteil der Energie der alten Glühbirnen, dafür wird aber viel mehr beleuchtet als früher.

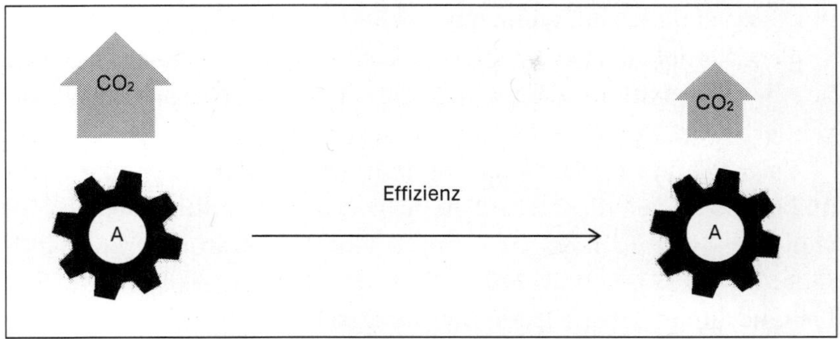

Abbildung 7: Wirkung einer Effizienz-Maßnahme (Prozess A wird klimaverträglicher)

Bei Effizienz-Maßnahmen tut sich aber noch ein anderes Problem auf: Technologie-Sprünge wie bei den LED-Lampen finden nur sehr selten statt und lassen sich kaum planen. Durch die steigende Komplexität, die die Weiterentwicklung von Technologien mit sich bringt, wird es zudem immer aufwendiger und teurer, die Effizienz eines bestimmten Prozesses zu steigern. Wie bei den Verbrennungsmotoren zu beobachten ist, wird daher ab einem bestimmten Punkt nicht mehr in weitere Effizienzsteigerungen investiert.

Doch Effizienz-Maßnahmen stoßen auch aus Klimaschutz-Sicht an ihre Grenzen: Selbst dann, wenn man alle derzeit existierenden Autos mit den effizientesten Benzin- oder Diesel-Motoren betreiben würde, wären die Treibhausgas-Emissionen in Summe deutlich zu hoch. Das gilt auch für Häuser, die mit den effizientesten Ölkesseln beheizt werden, für Gaskraftwerke der neuesten Generation oder für besonders energiesparend hergestellte Milchprodukte: Effizienz-Steigerungen allein werden nicht ausreichen, um effektiven Klimaschutz zu betreiben.

Im schlimmsten Fall können Effizienz-Maßnahmen sogar effektiven Klimaschutz verhindern – nämlich dann, wenn viel Geld dafür verwendet wird, die bestehenden Technologien effizienter zu machen und dieses Geld dann für andere, wirksamere Maßnahmen fehlt. Grundsätzlich ist eine Investition in Effizienz-Steigerungen daher nur dann zielführend, wenn ein aus Klimaschutz-Sicht ausreichend großer technologischer Sprung in Reichweite ist; wenn nicht, ist es besser, diese Mittel zunächst in andere Arten von Maßnahmen zu investieren (*vgl. Kapitel 3.2-3.5*).

Folgerichtig sind Effizienz-Maßnahmen vor allem bei jenen Technologien sinnvoll, die jetzt schon die geringsten Treibhausgas-Emissionen im jeweiligen Sektor verursachen: Wasserkraftwerke, Windräder und Photovoltaik-Zellen liefern beispielsweise jetzt schon beinahe klimaneutral Strom. Die wenigen Emissionen, die sie verursachen, fallen vor allem bei der Errichtung, der Instandhaltung und der Entsorgung der Anlagen an, nicht aber im Betrieb an sich. Ähnliches gilt für den Bahnverkehr oder die Versorgung mit pflanzlichen Lebensmitteln, die im jeweiligen Sektor schon jetzt den geringsten Einfluss auf das Klima haben. Umso wichtiger ist es, sie im gesamten Lebenszyklus möglichst effizient zu gestalten.

Wesentlich ist es, auch dabei den Rebound-Effekt zu beachten: Wenn z.B. Photovoltaik-Zellen noch effizienter und billiger werden, werden noch mehr davon installiert. Das ist zu Beginn gut – kann aber am Ende dazu führen, dass mehr Zellen errichtet werden, als für eine klimaneutrale Stromversorgung eigentlich benötigt würden. Hier ist der Gesetzgeber gefordert, die richtigen Anreize zu setzen, um die Installation zu fördern, aber ein Überschießen zu verhindern.

3.2 Substitutions-Maßnahmen

Voraussetzung für effektive Effizienz-Maßnahmen ist es also, jene Prozesse zu forcieren, die im jeweiligen Sektor die geringsten Emissionen bzw. den geringsten Bodenverbrauch verursachen. Genau dafür sind im Vorlauf Maßnahmen gefragt, bei denen bestehende Prozesse durch andere, klimaverträglichere Prozesse ersetzt werden (*vgl. Abbildung 8*). Diese sogenannten *Substitutions*-Maßnahmen können kleiner (z.B. Elektro- statt Verbrennungsmotoren) oder größer (z.B. Fahrrad statt Auto) gedacht werden. Wesentlich dabei ist, dass eine Verlagerung von einem Prozess zum anderen stattfindet, beide aber denselben Zweck erfüllen (z.B. die Fahrt von A nach B).

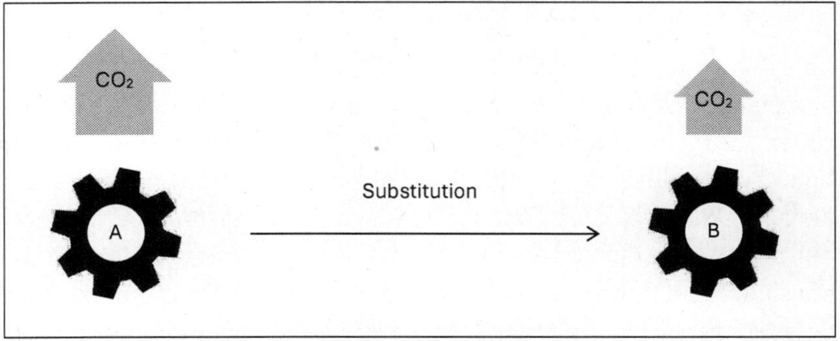

Abbildung 8: Wirkung einer Substitutions-Maßnahme (Prozess A wird durch den emissionsärmeren Prozess B ersetzt)

Dabei ist zu berücksichtigen, dass Substitution grundsätzlich in beide Richtungen stattfinden kann: So steigen manche Menschen vom Auto auf das Fahrrad um; gleichzeitig gibt es aber auch Menschen, die Fahrrad gegen Auto tauschen, weil sie z.B. den Wohn- oder Arbeitsort wechseln und ihnen der Weg mit dem Fahrrad dann zu weit oder zu unsicher erscheint.

Im Sinne des Klimaschutzes soll die Substitution logischerweise Richtung klimaverträglicherer Prozesse laufen. Dabei tun sich vier Fragen auf:

1. Welcher Prozess soll überhaupt ersetzt werden?
2. Durch welchen anderen Prozess soll er ersetzt werden?
3. Welche Vor- und Nachteile ergeben sich daraus (abgesehen von der Klimawirkung)?

4. Wie hoch ist der Aufwand dafür?

Soll beispielsweise eine Flugreise durch eine Bahnreise zum selben Ziel ersetzt werden, ergeben sich daraus einige Veränderungen, die von den meisten Menschen als Nachteile empfunden werden (z.B. längere Fahrzeiten, geringerer Komfort durch Umstiege, höherer Preis). Deswegen werden weitere Strecken in der Regel auch mit dem Flugzeug zurückgelegt. Dieses Verhalten wird sich jedoch in dem Maße verändern, in dem sich auch die Vor- und Nachteile verschieben. D.h. wenn die Bahn nicht ganz so lange braucht, die Anzahl der Umstiege geringer wird und der Preis sinkt, wählen weitere Menschen die Bahn statt dem Flugzeug.

Erfolgreiche Substitutions-Maßnahmen erfordern daher ein tieferes Verständnis der Zusammenhänge. Um Menschen beispielsweise zum Umstieg zu bewegen, muss man zunächst wissen: Nach welchen Kriterien wählen Menschen ihr Verkehrsmittel aus? Welche Rolle spielen Wegdauer, Komfort, Sicherheit, Flexibilität oder Kosten? Und gibt es noch weitere relevante Faktoren?

Durch solche Überlegungen lässt sich abschätzen, wie groß das reale Potenzial bestimmter Substitutions-Maßnahmen ist. Im konkreten Beispiel könnte es auf einigen Routen die Chance geben, Menschen durch direkte, komfortable und kostengünstige Nachtzug-Verbindungen zum Umsteigen zu bewegen. Auf anderen Routen, z.B. bei Interkontinental-Flügen, besteht hingegen kein Potenzial für Verlagerungen, da dafür keine Alternativen zur Verfügung stehen.

Aus diesem Grund ist auch die Wirksamkeit der Substitutions-Maßnahmen begrenzt – und zwar dort, wo selbst die klimaschonendsten verfügbaren Prozesse im jeweiligen Sektor immer noch hohe Treibhausgas-Emissionen und/oder viel Bodenverbrauch verursachen. Das betrifft neben dem Flugverkehr vor allem gewisse industrielle und landwirtschaftliche Prozesse wie z.B. den Nassfeld-Anbau von Reis oder die Herstellung von Zement. In diesen Fällen ist eine unmittelbare Substitution nicht möglich.

3.3 Kompensations-Maßnahmen

Wenn trotz höherer Effizienz und Verlagerung auf klimaverträglichere Prozesse noch immer zu viele negative Wirkungen auf das Klima entstehen, wird im nächsten Schritt häufig auf *Kompensations*-Maßnahmen zurückgegriffen. Dadurch soll die negative Wirkung bestimmter Aktivitäten auf das Klimasystem durch andere Aktivitäten ausgeglichen werden (*vgl. Abbildung* 9).

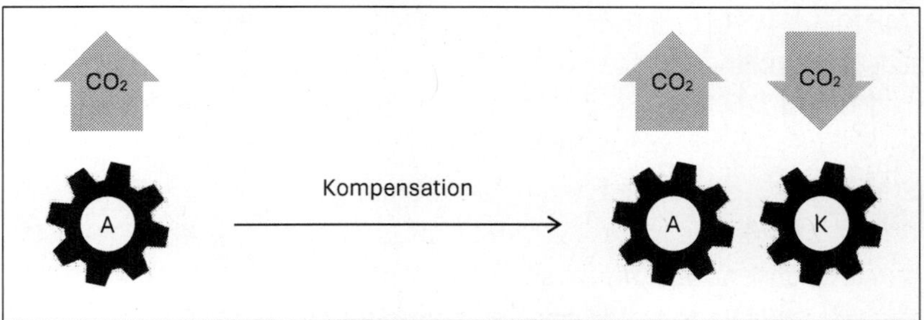

Abbildung 9: Wirkung einer Kompensations-Maßnahme (Prozess A läuft weiter und wird durch Prozess K kompensiert)

Vieles, was dabei als Kompensation verkauft wird, ist in Wirklichkeit *Greenwashing*: So kann die Errichtung eines Windparks keine Kompensations-Maßnahme sein, weil durch das Aufstellen der Windräder kein einziges Gramm CO_2 aus der Atmosphäre gebunden wird. Im Gegenteil: Im Lebenszyklus verursachen auch Windräder zusätzliche Emissionen und verbrauchen Fläche. Dennoch werden solche Projekte oft als »Kompensation« verkauft, weil der Windpark mit einem Kohlekraftwerk gegengerechnet wird, das zwar real nicht existiert, aber z.B. um 95% mehr CO_2 verursacht hätte.

Für einige Firmen ist das ein gutes Geschäft: Sie verkaufen Kompensations-Zertifikate an Unternehmen, andere Organisationen oder Einzelpersonen und verwenden das Geld, um Windparks und andere »Klimaschutz-Projekte« umzusetzen. Tatsächlich kommt dadurch aber nicht weniger CO_2 in die Atmosphäre, sondern mehr – auch wenn vielleicht der Bau des einen oder anderen Kohlekraftwerks verhindert oder zumindest hinausgezögert werden kann.

Echte Kompensation kann nur mit Methoden funktionieren, die tatsächlich Treibhausgase aus der Atmosphäre binden oder Bodenverbrauch rückgängig machen. Das einfachste Beispiel dafür ist die Wiederherstellung von Wäldern: Wenn eine Wiese zu Wald wird, werden große Mengen CO_2 aus der Luft als Kohlenstoff im Holz und in den Wurzeln der Bäume gebunden. Damit dies physikalisch funktioniert, muss jedoch a) die Fläche davor unbewaldet gewesen sein und b) der Wald langfristig bestehen bleiben. Nur dann wird tatsächlich zusätzliches CO_2 aus der Atmosphäre gebunden.

Doch auch hier stößt man rasch an Grenzen: Damit beispielsweise eine Stadt wie Graz mit rund 300.000 Einwohner:innen die im Stadtgebiet entstandenen (produktionsbasierten) Treibhausgas-Emissionen kompensieren könnte, müsste man pro Kopf über 400 ausgewachsene Bäume zusätzlich (!) pflanzen; für die konsumbasierten Emissionen wären es sogar mehr als 1.100 Bäume. Dafür bräuchte man die 10- bzw. 25-fache Fläche der Stadt. Dies zeigt sehr deutlich: Mit der Wiederherstellung von Wäldern können maximal ein paar Prozent unserer Klimawirkungen kompensiert werden – sofern dafür überhaupt Flächen vorhanden sind.

Ähnliches gilt auch für den Aufbau von Humus: Viele Ackerböden sind durch Jahrzehnte der intensiven Bewirtschaftung stark degradiert. Werden sie wieder naturnäher bewirtschaftet, kann dort wertvoller Humus aufgebaut werden – wobei auch in diesem Fall gilt: Nur, wenn die neue Humusschicht langfristig bestehen bleibt, zählt es als echte Kompensation. Das Potenzial dafür ist jedoch ebenfalls begrenzt: Sobald der Boden seinen natürlichen Kohlenstoff-Gehalt erreicht hat, kann er keine relevanten Mengen an weiterem Kohlenstoff mehr aufnehmen.

Neben den Treibhausgas-Emissionen kann auch die Bodenversiegelung kompensiert werden: Wird z.B. eine Fläche versiegelt, ist anderswo eine Fläche zu entsiegeln und zumindest in einen vergleichbaren ökologischen Zustand zu bringen. Dabei ist zu berücksichtigen, dass auch für die Entsiegelung Energie verbraucht wird – und es z.B. nicht möglich ist, aus versiegelten Böden in kurzer Zeit wieder wertvolle Acker- oder gar Waldböden zu machen. Daher gilt auch hier: Das Potenzial für echte Kompensation ist begrenzt.

Abseits dieser naturnahen Methoden wird seit Jahren unter dem Titel »*Carbon Capture and Storage*« mit Technologien versucht, CO_2 aus der Atmosphäre zu binden und unter die Erde zu bringen, z.B. in ehemalige Gas-Lagerstätten. Auch deren Potenzial ist jedoch begrenzt – einerseits durch die vorhandenen Kapazitäten potenzieller Lagerstätten, andererseits durch den hohen Energiebedarf. Daher ist es aus derzeitiger Sicht weder ökologisch noch wirtschaftlich sinnvoll, diese Technologien in größerem Maßstab anzuwenden.

Unterm Strich zeigt sich somit, dass nach den Effizienz- und Substitutions- auch die Kompensations-Maßnahmen in ihrer Wirkung begrenzt sind. Sie können nur einen Bruchteil jener Emissionen kompensieren, die wir jedes Jahr verursachen – und auch das nur so lange, bis alle verfügbaren Flächen mit Wald bedeckt, die Böden mit Kohlenstoff gesättigt und – sofern die Technologie überhaupt marktreif wird – die unterirdischen Speicher mit CO_2 gefüllt sind. Und selbst dann bleibt unklar, ob die Kompensation auch auf Dauer funktioniert: Ein Waldbrand, ein Hochwasser, ein Erdbeben – und der gesamte Kohlenstoff gelangt wieder zurück in der Atmosphäre. Aus all diesen Gründen ist die Bedeutung der Kompensations-Maßnahmen im Vergleich zu allen anderen Maßnahmen-Kategorien extrem gering.

3.4 Suffizienz-Maßnahmen

Effizienz steigern, alte durch neue Technologien ersetzen und was trotzdem noch an Klimawirkungen entsteht, kompensieren – so weit wird häufig gedacht, wenn es um Klimaschutz geht. Doch die Ausführungen in den vorangegangenen Kapiteln zeigen, dass dies nicht genügen wird; dass Treibhausgas-Emissionen und Bodenverbrauch dadurch nicht ausreichend zurückgehen; und die Überhitzung des Planeten so nicht gestoppt werden kann. Aber was dann? Was kann man noch tun, um eine Überhitzung des Planenten zu verhindern, den Menschen aber gleichzeitig ein gutes Leben zu ermöglichen?

Systemisch gedacht ist klar: Wenn auch der klimaschonendste Prozess so große Mengen an Treibhausgasen und Bodenverbrauch verursacht, dass diese nicht kompensiert werden können, ist der Prozess zu beenden – zumindest so weit, dass er keine übermäßigen, d.h. nicht kompensierbaren Klimawirkungen mehr verursacht. Dies bezeichnet man als »*Suffizienz*-Maßnahme« (*vgl. Abbildung 10*).

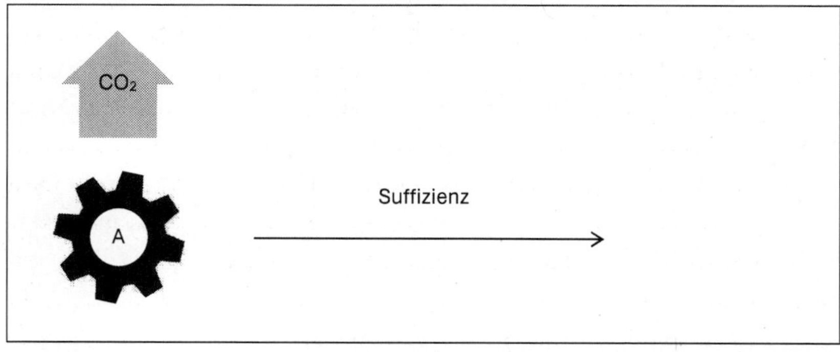

Abbildung 10: Wirkung einer Suffizienz-Maßnahme (Prozess A wird beendet und durch nichts ersetzt)

Suffizienz-Maßnahmen zu setzen bedeutet immer, einen Prozess zu stoppen, ohne ihn durch einen anderen zu ersetzen. Im Verkehrssektor hieße das beispielsweise, eine Straße für den Kfz-Verkehr zu sperren, ohne eine neue zu errichten. Was würde das bewirken?

Die meisten Menschen gehen davon aus, dass sich der Kfz-Verkehr in so einem Fall einfach nur auf andere Straßen verlagern würde. Tatsächlich aber geschieht nach Suffizienz-Maßnahmen etwas, das sich viele Menschen kaum vorstellen können: Durch den Wegfall eines bestimmten Prozesses strukturiert sich System neu und das Systemverhalten ändert sich. Bei einer Straßensperre geschieht das wie folgt:

⇒ In den ersten Tagen und Wochen nach der Sperre werden viele Menschen weiterhin mit ihrem Auto durch diese Straße fahren wollen. Sie fahren also bis zur Sperre – und weichen dann auf die umliegenden Straßen aus. Wenn dies eine längere Fahrzeiten bedeutet, wird jedoch die gesamte Route für Kfz-Fahrer:innen plötzlich unattraktiver. Sie beginnen, sich andere Ziele zu suchen oder steigen auf das Fahrrad um, mit dem sie die Straße ja weiterhin passieren können. Übrig bleiben nur diejenigen, die – aus welchen Gründen auch immer – genau diese Route unbedingt mit dem Auto zurücklegen müssen. Sie nutzen fortan die umliegenden Straßen.

⇒ Parallel dazu wird jedoch die für den Kfz-Verkehr gesperrte Straße attraktiver zum Gehen und Radfahren – weshalb sich nun einige Menschen aus dem Umfeld, die bisher das Auto verwendeten, zu Fuß oder mit dem Rad über diese Route bewegen. Dies reduziert den Kfz-Verkehr im gesamten Gebiet – bei guter Planung zumindest in jenem Maße, in dem zusätzlicher Kfz-Verkehr durch die Verlagerung entsteht.

⇒ Am Ende ist der Kfz-Verkehr in den umliegenden Straßen nicht höher als davor – und das, obwohl in der gesperrten Straße gar keine Autos mehr fahren dürfen. Das bedeutet: Der Prozess »Kfz-Verkehr« ist dort einfach verschwunden.

Reale Beispiele dafür gibt es viele: Prominent ist z.B. die »Slovenska cesta« – eine Hauptstraße mitten durch Sloweniens Hauptstadt Ljubljana: Diese wurde 2007 wegen einer Baustelle gesperrt und danach nie wieder geöffnet. Heute ist sie Teil eines pulsierenden, vom Fußverkehr geprägten Stadtzentrums. Der Kfz-Verkehr hat sich nicht 1:1 nach außen verlagert, sondern ist teilweise verschwunden, weil sich das Mobilitätsverhalten der Menschen verändert hat und sie jetzt mehr Gehen, Radfahren oder öffentliche Verkehrsmittel nutzen.

Doch selbst mit solchen realen Beispielen sind Suffizienz-Maßnahmen schwierig zu vermitteln, weil viele Menschen sich nicht vorstellen können, dass bestimmte Prozesse einfach unnötig sind. Gerade Suffizienz-Maßnahmen können aber sehr effektiv sein: Das Sperren einer Straße ist sehr kostengünstig, wenn man beispielsweise einfach Pflanztröge auf die Fahrbahn stellt und dadurch den Kfz-Verkehr unterbindet; gleichzeitig sind die Emissionen, die durch die unterbundenen Kfz-Kilometer eingespart werden, beachtlich. Unterm Strich heißt das: Die Maßnahme ist höchst effektiv!

Aber auch Suffizienz-Maßnahmen stoßen an ihre Grenzen: So kann man z.B. in einer Stadt nicht alle Straßen von heute auf morgen sperren, weil viele Menschen und Unternehmen ihr Leben bzw. ihr Geschäft darauf aufgebaut haben, dass sie ihre Wege jeden Tag mit Kfz zurücklegen können. Ähnliches gilt auch in anderen Sektoren: Die Verfügbarkeit von Strom, Heiz- und Kühlenergie, Elektrogeräten, günstiger Kleidung und billigen Lebensmitteln wird als so selbstverständlich betrachtet, dass viele Lebens- und Geschäftsmodelle durch den Wegfall bestimmter Prozesse nicht mehr realisierbar erscheinen. Die tiefergehenden Veränderungen, die Suffizienz-Maßnahmen erfordern, werden als Verzicht erlebt und stoßen daher häufig auf Ablehnung.

Aus rationaler Perspektive ist diese Ablehnung schwer nachvollziehbar, ist doch systemisch betrachtet ohnehin alles im Fluss: Unser Lebensmodell ändert sich, wenn wir z.B. eine Familie gründen. Firmen kommen und gehen. Die gesetzlichen Rahmenbedingungen ändern sich laufend. Wenn jetzt das Ziel der Klimaneutralität hinzukommt, ist das ein weiterer Leitstern, der in die Weiterentwicklung zu integrieren ist. Dieser ist nicht von heute auf morgen erreichbar. Aber innerhalb einiger Jahre ist vieles möglich.

Maßgeblich für diese Betrachtungen sind unsere menschlichen *Bedürfnisse*. Die Forschung zeigt: Um zu überleben, brauchen wir Luft, Wasser, Essen, ein Dach über dem Kopf und gegen die Kälte Heizung und Kleidung. Um glücklich zu sein, brauchen wir zusätzlich

Schutz und Zuneigung, wollen verstehen, teilhaben, entspannen und kreativ sein und streben nach Identität und Freiheit (*vgl. MAX-NEEF: Fundamental Human Needs*).

Für die Klimawirksamkeit ist es nun entscheidend, *wie* wir diese Bedürfnisse befriedigen: Um z.B. zu entspannen, können wir entweder für eine Woche an einen nahe gelegenen See fahren – oder für eine Woche irgendwohin fliegen. Der Entspannungseffekt ist der Gleiche, die Treibhausgas-Emissionen sind bei der Fahrt zum See aber um mindestens 90% geringer. Die zentrale Frage lautet daher: Wie lassen sich menschliche Bedürfnisse so befriedigen, dass dadurch möglichst wenig Treibhausgas-Emissionen und Bodenverbrauch verursacht werden?

Oberflächlich betrachtet ist man hier vor allem in der Logik der Substitution (»Wohin könnten wir fahren, um uns möglichst klimaverträglich zu entspannen?«). Bezieht man die Frage aber auf das tatsächliche Bedürfnis, kommt man zu ganz anderen Schlüssen: »Was könnten wir tun, um uns zu entspannen?«, führt zu einer Vielzahl an möglichen Antworten – einige davon erfordern, dass man woanders hinfährt; andere sind vor Ort realisierbar und bieten unterm Strich in manchen Situationen vielleicht sogar die größte Entspannung, weil der Stress fürs Organisieren und Reisen wegfällt. Dann geht es aber nicht mehr um Substitution, sondern um Suffizienz, weil der Prozess der Reise an sich ja entfällt.

In diesem Zusammenhang ist es wesentlich, zwischen Bedürfnissen und *Bedarf* zu unterscheiden: Häufig wird das Bedürfnis nach Entspannung deckungsgleich mit dem Bedarf, irgendwohin zu fahren, wahrgenommen. Tatsächlich entsteht der Bedarf aber aufgrund unserer Erfahrungen, die uns gelehrt haben, dass wir woanders gut entspannen können. Dass Entspannung daheim unter bestimmten Voraussetzungen auch möglich wäre, ist hingegen nicht präsent.

Systemisch betrachtet ist klar: Ein Bedürfnis führt nicht automatisch zu einem bestimmten Bedarf. Das Bedürfnis nach Entspannung muss nicht in einem Bedarf nach Reisen enden. Im Sinne der Klimaschutzes sollte es sogar einen möglichst geringen Bedarf an – vor allem weiteren – Reisen auslösen. Dies gilt auch für andere Sektoren: Das Bedürfnis nach Beleuchtung sollte möglichst wenig Strombedarf verursachen; das Bedürfnis nach Essen möglichst wenig Transporte; das Bedürfnis nach kreativem Schaffen möglichst wenig Ressourcenverbrauch usw.

Allerdings sind solche Überlegungen mit der Logik des Wirtschaftswachstums schwer vereinbar: Wenn Menschen ihre Freizeit so gestalten, dass sie dabei nichts konsumieren, sondern sich einfach mit Freund:innen treffen, spazieren gehen oder Sport betreiben, lässt sich damit so gut wie nichts verdienen. Wenn sie Kleidung tauschen, Elektrogeräte immer wieder reparieren lassen und ihr Gemüse selbst anbauen – wie soll die Wirtschaft dann wachsen? Und wenn sie dann auch noch meinen, dass sie mit 20 bis 30 Stunden Erwerbsarbeit pro Woche genug verdienen, um ein glückliches Leben führen zu können – woher sollen dann die Arbeitskräfte kommen, die die Wirtschaft braucht, um Umsätze und Gewinne zu steigern?

Denkt man Suffizienz zu Ende, geht es also ans »Eingemachte« – denn manche Menschen finden dadurch Wege, ihre Bedürfnisse mit weniger Konsum und vielleicht auch weniger Einkommen und weniger Erwerbsarbeit zu befriedigen. Gleichzeitig bedeutet es aber auch, dass gewisse Produkte und Dienstleistungen nicht mehr so stark nachgefragt werden: Viele elektronische Geräte, viele Kleidungsstücke, viele tierische Lebensmittel, viele Autos, Straßen, Flugzeuge und Gebäude würden die Menschen einfach nicht mehr benötigen, um ein gutes Leben zu führen. Damit würden auch viele Arbeitsplätze wegfallen – was in westlichen Ländern angesichts der demographischen Entwicklungen (Arbeitskräfte-Mangel, verstärkter Bedarf an Pflegekräften etc.) möglicherweise gar nicht so problematisch wäre. Die Wirtschaft an sich würde auch mit einem geringeren BIP funktionieren und könnte die Bedürfnisse der Menschen gleichzeitig zielgerichteter und mit weniger Energie- und Ressourcenverbrauch befriedigen.

Letztlich könnten damit viel mehr Emissionen als durch Effizienz- und Substitutions-Maßnahmen eingespart werden – im Idealfall so viele, dass am Ende nur mehr kleine Mengen an Treibhausgas-Emissionen und Bodenverbrauch übrigblieben, die durch Kompensations-Maßnahmen tatsächlich auszugleichen wären.

3.5 Präventions-Maßnahmen

Doch es genügt nicht, nur bei bestehenden Prozessen anzusetzen, wie es bei Effizienz-, Substitutions-, Kompensations- und Suffizienz-Maßnahmen geschieht. Parallel dazu entstehen laufend neue, nicht-klimaneutrale Prozesse. In die Zukunft gedacht gilt es daher

- ⇒ neue, nicht-klimaneutrale Prozesse zu unterlassen,
- ⇒ aber auch proaktiv neue, klimaneutrale Prozesse zu beginnen (*vgl. Abbildung 11*).

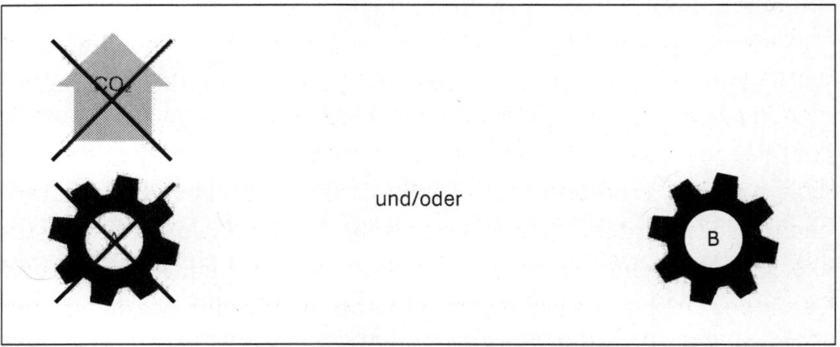

Abbildung 11: Wirkung einer Präventions-Maßnahme (nicht-klimaneutraler Prozess A wird unterlassen und/oder klimaneutraler Prozess B wird begonnen)

Beides ist hochkomplex, geht es doch darum, vorherzusehen, was in den nächsten Jahren passieren bzw. gebraucht werden könnte. Einen Hinweis auf solche Entwicklungen kann die Beobachtung der jährlichen Treibhausgas-Emissionen bzw. des jährlichen Bodenverbrauchs geben: Aus der Analyse dieser Werte lassen sich Trends ableiten, die zeigen, in welchen Bereichen die Entwicklung in die richtige Richtung geht – und in welchen nicht.

In Österreich sind beispielsweise die Treibhausgas-Emissionen im Verkehrssektor über Jahrzehnte hinweg gestiegen. Rückblickend lässt sich nun analysieren, wodurch dies geschah – in die Zukunft gedacht aber auch ableiten, wie derartige Entwicklungen schon von vorneherein verhindert werden können:

⇒ Kommt man z.B. zu dem Schluss, dass der Ausbau der Straßen hauptverantwortlich für die Zunahme des Kfz-Verkehrs war, könnte man als Präventions-Maßnahme den Neubau von Straßen durch Gesetzesänderungen so sehr erschweren, dass dadurch künftig kein zusätzlicher (»induzierter«) Kfz-Verkehr mehr entsteht.

⇒ Erkennt die Politik die Errichtung von Parkplätzen als Kern des Problems, kann sie über die Bauordnung eingreifen. Darüber können die erlaubte Anzahl an Parkplätze pro neu errichteter Wohnung eingeschränkt und die Errichtung unterirdischer Parkgaragen vorgeschrieben werden. Dadurch ließe sowohl der Bodenverbrauch als auch der Kfz-Verkehr auf den Straßen reduzieren.

So wie in diesen Beispielen bestehen Präventions-Maßnahmen häufig aus bestimmten Vorschriften oder Regeln. Dies hat den Vorteil, dass sie sehr großflächig wirken können, wenn sie entsprechend exekutiert werden; aber auch den Nachteil, dass sie durch Beschlüsse der zuständigen Gremien jederzeit wieder außer Kraft gesetzt werden können. Daher ist es wichtig, Präventions-Maßnahmen möglichst breit zu verankern – d.h. nicht nur in eine möglichst hohe Zustimmung beim Beschluss anzustreben, sondern auch mit eine möglichst hohe Akzeptanz bei den Menschen, die durch die neuen Vorschriften anders agieren müssen als bisher. In dieser Hinsicht sind vor und nach dem Beschluss öffentlich wirksame Begleitmaßnahmen zu setzen (*vgl. Kapitel 4.6*).

Dabei ist es hilfreich, dass das Leben selbst höchst dynamisch ist: Prozesse werden laufend begonnen, verändert und beendet – egal, ob in der Politik, bei Unternehmen, anderen Organisationen oder Einzelpersonen. Auch deshalb haben Präventions-Maßnahmen den größten Hebel: Bei diesen muss man nicht mühsam bestehende Prozesse verändern oder gar beenden, sondern kann dafür sorgen, dass die neuen Prozesse, die laufend beginnen, im Einklang mit den Klimazielen stehen – während viele andere, nicht-klimaverträgliche Prozesse nach und nach ohnehin von selbst auslaufen.

Gesetzlich könnte beispielsweise verankert werden, dass bei der Sanierung von Straßen – ein Prozess, der regelmäßig passieren muss – »ein Zustand herzustellen ist, der ein rasches, bequemes und sicheres Vorankommen zu Fuß und mit dem Fahrrad sowie eine hohe Lebensqualität für Anrainer:innen (z.B. durch Begrünung, Sitzgelegenheiten etc.) gewährleistet, während die Anzahl der Fahrstreifen für Kraftfahrzeuge auf ein Minimum zu reduzieren ist (z.B. Nebenstraßen standardmäßig als Einbahnen).« Dies würde bewirken, dass Gehen und Radfahren in immer mehr Straßen attraktiv werden, wodurch immer mehr Menschen umsteigen – und das nicht, weil sie plötzlich ein höheres Umweltbewusstsein entwickeln, sondern, weil sie damit in der Stadt ganz einfach besser vorankommen als mit dem Auto. Wenn dann auch noch offensichtlich wird, dass durch solche Maßnahmen die Lebensqualität für die Anrainer:innen spürbar steigt, entsteht auch in vielen weiteren Straßen quasi automatisch der Wunsch zu einer vergleichbaren Umgestaltung. Das wäre im Sinne des Klimaschutzes eine sehr positive Dynamik.

Ähnlich könnte es auch in anderen Sektoren laufen: So könnte man über gesetzliche Eingriffe beispielsweise dafür sorgen, dass Unternehmen, die kostengünstige klimaneutrale Produkte und Dienstleistungen anbieten, durch steuerliche Begünstigungen, Subventionen oder Vorteile im öffentlichen Einkauf belohnt werden – während Unternehmen, die klimaneutrale Produkte und Dienstleistungen gar nicht oder nur zu überhöhten Preisen verkaufen, mehr Steuern zahlen müssten, einen eingeschränkten Zugang zu Förderungen hätten und im öffentlichen Einkauf benachteiligt würden. All das würde innerhalb der Marktwirtschaft funktionieren und könnte einen sanften Übergang in ein klimaneutrales Wirtschaftssystem ermöglichen.

Insgesamt können Präventions-Maßnahmen somit zu einer Weiterentwicklung von Einzelpersonen, Unternehmen und der gesamten Gesellschaft beitragen – und das sehr elegant, da sie nicht ins Bestehende eingreifen, sondern das Neue aktiv gestalten. Sie wirken direkt, aber auch indirekt, indem sie – wie oben beschrieben – selbstverstärkende Dynamiken auslösen können. Dies ermöglicht eine deutliche effektivere Reduktion von Treibhausgas-Emissionen und Bodenverbrauch als bei Effizienz-, Substitutions- oder Suffizienz-Maßnahmen. *Präventions-Maßnahmen können daher der Schlüssel zu Erreichung der Klimaneutralität sein.*

3.6 Priorisierung nach Kategorien

Diese Kategorisierung der Maßnahmen ist entscheidend dafür, die tatsächlich effektivsten Maßnahmen herauszufiltern. In der Anwendung empfiehlt es sich, hier klare Prioritäten zu setzen (*vgl. Abbildung 12*):

⇒ Dass es wenig zielführend ist, viel in die Effizienz bestimmter Technologien zu investieren, obwohl diese durch andere, emissionsärmere substituiert werden könnten, wurde ausführlich beschrieben (*vgl. Kapitel 3.2*). Die Effizienz-Maßnahmen kommen in der Reihung somit hinter den Substitutions-Maßnahmen.

⇒ Für Kompensations-Maßnahmen ist das Potenzial begrenzt (*vgl. Kapitel 3.3*). Ihr Einsatz ist nur dann zielführend, wenn zuvor alle anderen Optionen ausgeschöpft wurden. Kompensations-Maßnahmen liegen daher hinter Substitutions- und Effizienz-Maßnahmen.

⇒ Suffizienz-Maßnahmen gehen weiter als alle davor genannten, indem sie infrage stellen, ob gewisse Prozesse zur Befriedigung von Bedürfnissen überhaupt notwendig sind (*vgl. Kapitel 3.4*). Sind sie es nicht, können sie beendet werden – und sämtliche weitere Maßnahmen, die sich auf diesen Prozess beziehen, erübrigen sich. Daher sind Suffizienz-Maßnahmen über Substitutions-, Effizienz- und Kompensations-Maßnahmen zu stellen.

⇒ Am weitesten gehen Präventions-Maßnahmen: Sie sorgen dafür, dass klimaverträgliche Prozesse begonnen bzw. nicht-klimaverträgliche Prozesse unterlassen werden (*vgl. Kapitel 3.5*). Für diese Prozesse werden dann Suffizienz-, Substitutions-, Effizienz- und Kompensations-Maßnahmen überflüssig. Präventions-Maßnahmen haben daher die höchste Priorität.

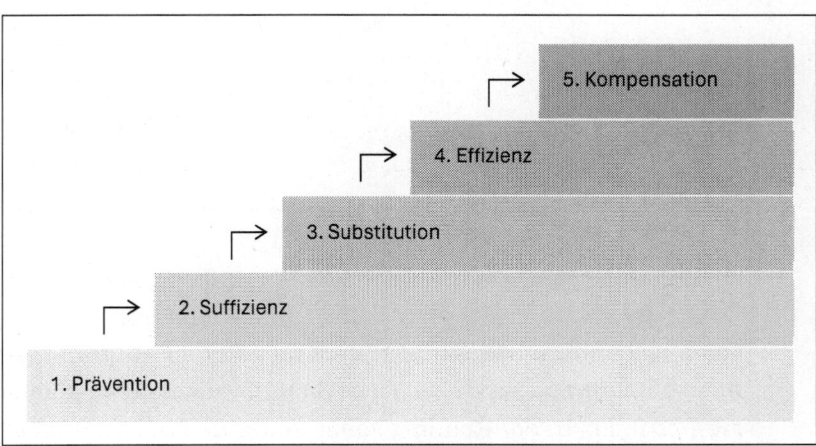

Abbildung 12: Priorisierung von Klimaschutz-Maßnahmen nach Kategorien

Um in der Praxis die effektivsten Klimaschutz-Maßnahmen für einen bestimmten Prozess zu finden, kann man fünf einfache Fragen stellen, aus denen sich in weiterer Folge die am besten geeignete Maßnahmen-Kategorie ableiten lässt (*vgl. Abbildung 13*).

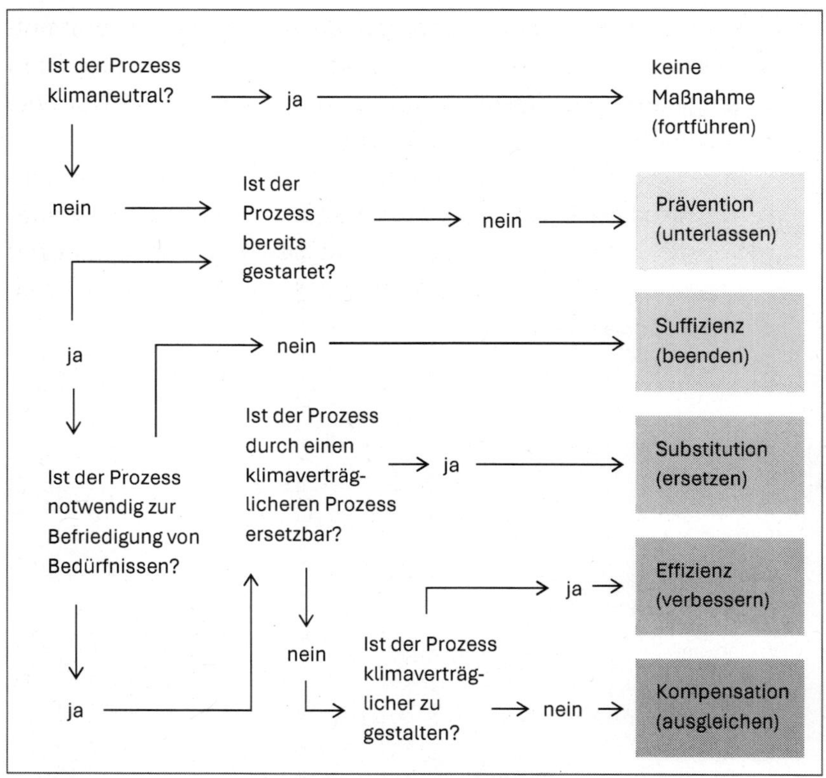

Abbildung 13: Methodik zur Wahl der effektivsten Maßnahmen-Kategorie

Die Methodik besteht aus fünf Schritten:

1. Noch nicht gestartete Prozesse sind zu unterlassen, wenn sie nicht klimaneutral sind bzw. zu beginnen, wenn sie klimaneutral sind (= *Prävention*).
2. Innerhalb der bestehenden Prozesse sind all jene zu beenden, die weder klimaneutral noch zur Bedürfnis-Befriedigung notwendig sind (= *Suffizienz*).
3. Innerhalb der bestehenden, zur Bedürfnis-Befriedigung notwendigen Prozesse ist innerhalb der Sektoren auf die jeweils klimaverträglichsten Prozesse zu verlagern (= *Substitution*).

4. Innerhalb der bestehenden, zur Bedürfnis-Befriedigung notwendigen und jeweils klimaverträglichsten Prozesse sind Treibhausgas-Emissionen und Bodenverbrauch so weit wie möglich zu reduzieren (= *Effizienz*).
5. Innerhalb der bestehenden, zur Bedürfnis-Befriedigung notwendigen, jeweils klimaverträglichsten und möglichst effizienten Prozesse sind die Treibausgas-Emissionen und der Bodenverbrauch, die daraus entstehen, auszugleichen (= *Kompensation*).

Was bedeutet dies in der Praxis? Nehmen wir den Sektor Gebäude: Eine zentrale Herausforderung ist dort das Heizen. Dahinter steckt das Bedürfnis nach Raumwärme: Wie kann dieses Bedürfnis möglichst effektiv, d.h. mit möglichst wenig Emissionen und Bodenverbrauch, befriedigt werden?

1. *Prävention*: Vorgaben für den maximal zulässigen Heizwärmebedarf bei Neubauten
2. *Suffizienz*: Reduktion des Wärmebedarfs bestehender Gebäude (z.B. durch thermische Sanierung, Reduktion der Raumtemperatur, Reduktion der beheizten Raumfläche)
3. *Substitution*: Deckung des Wärmebedarfs bestehender Gebäude mit erneuerbaren statt mit fossilen Energien
4. *Effizienz*: Verbesserung der Wirksamkeit bestehender Heizsysteme mit erneuerbaren Energien (z.B. durch bessere Solarkollektoren)
5. *Kompensation*: Ausgleich für die Emissionen, die bei der Gewinnung der Raumwärme entstehen (z.B. Pflanzung von Bäumen in der Umgebung)

Für ein einzelnes Haus ergibt sich daraus folgendes Szenario: Wird es neu errichtet, erfüllt es automatisch die Klimaschutz-Vorgaben (1). Ist es bereits älter, wird es zunächst mit möglichst klimaverträglichen Dämmstoffen thermisch saniert (2). Danach wird die alte, fossil betriebene Heizung z.B. durch eine hocheffiziente Erdwärme-pumpe ersetzt (3 und 4). Die Emissionen, die bei der Sanierung, beim Heizungstausch sowie bei der Errichtung und dem Betrieb der Erdwärme-Pumpe entstehen, werden durch neu gepflanzte Bäume im eigenen Garten kompensiert (5). So wird das Haus letztlich klimaneutral beheizt.

Ein derartiges, systematisches Vorgehen bietet nicht nur eine klare Orientierung bei der Auswahl der effektivsten Maßnahmen; es macht auch deutlich, was nicht effektiv ist:

- ⇒ Suffizienz ohne Prävention: Verbesserungen bei bestehenden Gebäuden ohne ausreichende Vorgaben für Neubauten führen dazu, dass immer neue, nicht-klimaverträgliche Gebäude hinzukommen und man mit der Sanierung nicht hinterherkommt.
- ⇒ Substitution ohne Suffizienz: Baut man ein neues Heizsystem mit erneuerbaren Energien ein, ohne zuvor das Gebäude zu dämmen, wird weiterhin viel Energie verbraucht, die woanders besser eingesetzt werden könnte.
- ⇒ Effizienz ohne Substitution: Ein neuer, effizienterer Ölkessel reduziert zwar die Emissionen um ein paar Prozent, zementiert aber das Heizen mit Öl auf Jahrzehnte ein.
- ⇒ Kompensation ohne Effizienz: Ein Ausgleich für alte, ineffiziente Ölheizungen ist nicht möglich – dafür sind viel zu wenige Flächen verfügbar.

Letztlich ergibt sich daraus für Haushalte, Unternehmen und die Politik ein klarer Fokus: Zu forcieren sind all jene Maßnahmen, mit denen es gelingt, die menschlichen Bedürfnisse mit einem möglichst geringen Bedarf nach Energie, Flächen und sonstigen Ressourcen zu befriedigen. Erst auf diesen minimierten Bedarf hin sind Maßnahmen zur Verlagerung (z.B. Ausbau erneuerbarer Energien) und zur Effizienzsteigerung (z.B. Förderung technologischer Entwicklungen) aufzusetzen – sodass am Ende die Kapazitäten zur Kompensation der Treibhausgas-Emissionen bzw. des Bodenverbrauchs ausreichen.

4 Ganzheitliche Bewertung von Klimaschutz-Maßnahmen

Klimaschutz-Maßnahmen wirken nicht nur auf das Klimasystem. Bei ihrer Umsetzung entstehen auch Wechselwirkungen mit verschiedenen ökologischen und sozialen Systemen:

- ⇒ Die Nutzung von Wasserkraft zur Stromerzeugung erscheint beispielsweise sinnvoll, da sie nur wenig Treibhausgas-Emissionen verursacht und wenig zusätzliche Flächen beansprucht. Doch die Errichtung eines Stausees hat Folgen für den Wasserhaushalt des Flusses und die umliegende Tier- und Pflanzenwelt. Daher stellt sich die Frage: Ist diese Maßnahme ökologisch nachhaltig?
- ⇒ Die Einhebung einer City-Maut reduziert den Autoverkehr und somit auch die verkehrsbedingten Treibhausgas-Emissionen. Allerdings führt sie auch dazu, dass Menschen mit weniger Geld faktisch keine Möglichkeit mehr haben, mit dem Auto in die Stadt zu kommen. Ist diese Maßnahme sozial gerecht?

Diese Wechselwirkungen bei der Planung von Klimaschutz-Maßnahmen zu berücksichtigen, ist wesentlich – sollen die Maßnahmen doch letztlich dazu beitragen, auch zukünftigen Generationen einen lebenswerten Planeten zu hinterlassen. Deshalb sind alle Klimaschutz-Maßnahmen vorab auf ihre ökologischen (*vgl. Kapitel 4.1*) und sozialen Wirkungen (*vgl. Kapitel 4.2*) hin zu bewerten. Die Wirkungen auf Treibhausgas-Emissionen und Bodenverbrauch sind bereits ein Teil davon – sind aber im Sinne einer ganzheitlichen Betrachtung mit allen anderen Wirkungen auf Natur und Gesellschaft abzuwägen. Dabei geht es nicht nur um die Anzahl der ökologischen und/oder sozialen Wirkungen, sondern auch um deren Intensität, deren Umsetzungszeitpunkt bzw. -dauer (*vgl. Kapitel 4.3*) sowie den Ort der Wirkung (regional, überregional und/oder global; *vgl. Kapitel 4.4*).

Darüber hinaus sind in der Planung finanzielle Wirkungen (*vgl. Kapitel 4.5*) sowie die Akzeptanz der Klimaschutz-Maßnahme (*vgl. Kapitel 4.6*) zu berücksichtigen. Gerade diese Aspekte können wichtige Kriterien dafür sein, ob eine Maßnahme letztlich umgesetzt wird oder nicht (*vgl. Kapitel 4.7*).

4.1 Ökologische Wirkungen der Maßnahmen

Ökologische Wirkungen ist der Überbegriff für Wirkungen auf:

- ⇒ Atmosphäre (Luft, Klima)
- ⇒ Biosphäre (Tiere, Pflanzen, sonstige Lebewesen)
- ⇒ Hydrosphäre (Wasser, inkl. Eis)
- ⇒ Pedosphäre (Böden)
- ⇒ Lithosphäre (Gestein)

Das Funktionieren dieser Systeme ist für die Menschen überlebenswichtig, hängen doch die wichtigsten menschlichen Bedürfnisse (Luft, Wasser, Nahrung) unmittelbar davon ab.

Naturwissenschaftlich betrachtet ist der Mensch selbst Teil dieser Systeme. Daher darf bzw. muss er sie auch »mitnutzen«, um seine Bedürfnisse zu befriedigen. Schon im 17. Jahrhundert schrieb der Freiberger Oberberghauptmann Hans Carl von CARLOWITZ dazu: »In einem Wald soll man nur so viel abholzen, wie in absehbarer Zeit auf natürliche Weise wieder nachwachsen kann.«

Es geht also auf der einen Seite darum, dass wir nicht zu viel aus der Natur entnehmen – nicht mehr Bäume als wieder nachwachsen, nicht mehr Fische als nachkommen und auch nicht mehr Wasser als Regen fällt. Auf der anderen Seite bedeutet es aber auch, dass wir nicht zu viel in diese natürlichen Systeme einbringen – nicht so viel Dünger, dass die Seen kippen; nicht so viel Pestizide, dass die Bienen sterben; und auch nicht so viele Treibhausgase, dass das Klimasystem aus dem Gleichgewicht gerät.

Es gibt somit Grenzen, die definieren, in welchem Ausmaß der Mensch die natürlichen Systeme mitnutzen kann – ohne diese so sehr zu schädigen, dass am Ende nichts mehr da ist, um es zu entnehmen. Ein bekanntes Beispiel dafür ist die Osterinsel im Pazifischen Ozean: Dort wuchs die Bevölkerung bis ins 17. Jahrhundert hinein immer weiter. Die Menschen fällten mehr Bäume als nachwachsen konnten – solange, bis kein Holz mehr für Boote und Häuser verfügbar war. Dies führte zu kriegerischen Auseinandersetzungen und einem kulturellen Rückfall. Viele Menschen starben, die Bevölkerung ging um mehr als 75% zurück.

Problematisch dabei ist, dass die Grenzen in solchen Fällen nicht leicht zu erkennen sind: So kippt ein Gewässer nicht sofort, wenn Abwässer eingeleitet werden. Es kann auch über Jahrzehnte gar nichts passieren. Aber wenn die Konzentration der Schadstoffe im Wasser unbemerkt steigt, ist irgendwann der Punkt erreicht, an dem sich Algen explosionsartig vermehren und allen anderen Lebewesen den Sauerstoff entziehen. Es kommt zu einem Massensterben, wie es 2021 im Marmarameer bei Istanbul geschah: Kaum ein Tier, kaum eine Pflanze dort überlebte – und es wird Jahrzehnte dauern, bis sich das Ökosystem wieder einigermaßen erholen kann.

Solche *Kipppunkte* kommen in allen ökologischen Systemen vor. Besonders problematisch ist, wenn die dadurch ausgelösten Prozesse sich selbst beschleunigen und durch menschliche Eingriffe auch nicht mehr rückgängig zu machen sind. Die in *Kapitel 1.1* beschriebene Eis-Albedo-Rückkoppelung ist ein Beispiel dafür: Wenn Grönland im größeren Maße abzuschmelzen beginnt, ist dieser Prozess nicht mehr aufzuhalten – mit entsprechenden Folgen für den Meeresspiegel, aber auch für das Klimasystem insgesamt.

Wenn es darum geht, ökologische Wirkungen von Maßnahmen zu bewerten, sind systemische Effekte wie Kipppunkte, selbstverstärkende Rückkoppelungen und Irreversibilitäten daher besonders hoch zu gewichten: Wenn durch bestimmte Maßnahmen auch nur der Fall eintreten könnte, dass ökologische Grenzen überschritten werden, sollte Abstand von diesen genommen werden. Dies betrifft explizit nicht nur die Atmosphäre, sondern auch alle anderen Sphären: Wenn eine Klimaschutz-Maßnahme z.B. die Biosphäre irreversibel zerstört (z.B. der Bau eines Wasserkraftwerks im Regenwald), ist sie zu unterlassen.

Problematisch ist dabei, dass sechs von neun der sogenannten *planetaren Grenzen* bereits überschritten wurden: Neueste Untersuchungen zeigen, dass wir uns nicht nur in Hinblick auf das Klimasystem, sondern auch bei der Intaktheit der Biosphäre, dem Eintrag neuartiger Stoffe in die Umwelt, dem Phosphor-Kreislauf und dem Stickstoff-Kreislauf bereits in der Hochrisiko-Zone befinden; und auch bei Landnutzungsänderungen sowie der Süßwasser-Nutzung die planetaren Grenzen bereits überschritten haben. Nur beim Ozon-Abbau, bei der Aerosol-Belastung der Atmosphäre sowie bei der Ozeanversauerung befinden wir uns noch im »sicheren Handlungsraum« – wenngleich auch dort der verbleibende Spielraum gering ist (*vgl. Abbildung 14*).

Im Umkehrschluss bedeutet das: Klimaschutz-Maßnahmen dürfen keinen Beitrag dazu leisten, dass es in diesen Bereichen zu weiteren Verschlechterungen kommt. Gleichzeitig stellt sich aber auch die Frage, welchen positiven Einfluss Klimaschutz-Maßnahmen auf diese natürlichen Systeme nehmen können. Dass sich Kompensations-Maßnahmen wie der Aufbau von Humus oder die Wiederherstellung von Wäldern positiv auf die Tier- und Pflanzenwelt, die Böden und den Wasserhaushalt auswirken können, liegt auf der Hand. Aber können auch Präventions-, Suffizienz-, Substitutions- und Effizienz-Maßnahmen positive Wirkungen auf natürliche Systeme haben?

Der deutsche Physiker und Philosoph Hans Peter DÜRR schrieb dazu 2011: »Nachhaltigkeit bedeutet letztlich nichts anderes als die Unterstützung der allgemeinen dynamischen Lebensprozesse, ihrer Vitalität, Produktivität, Robustheit und Elastizität.« Das bedeutet: Wenn Klimaschutz-Maßnahmen die Vitalität, Produktivität, Robustheit und Elastizität, also die Dynamik von Lebensprozessen unterstützen, können sie – zusätzlich zur Reduktion von Treibhausgas-Emissionen und Bodenverbrauch – einen positiven Einfluss auf die natürlichen Systeme nehmen.

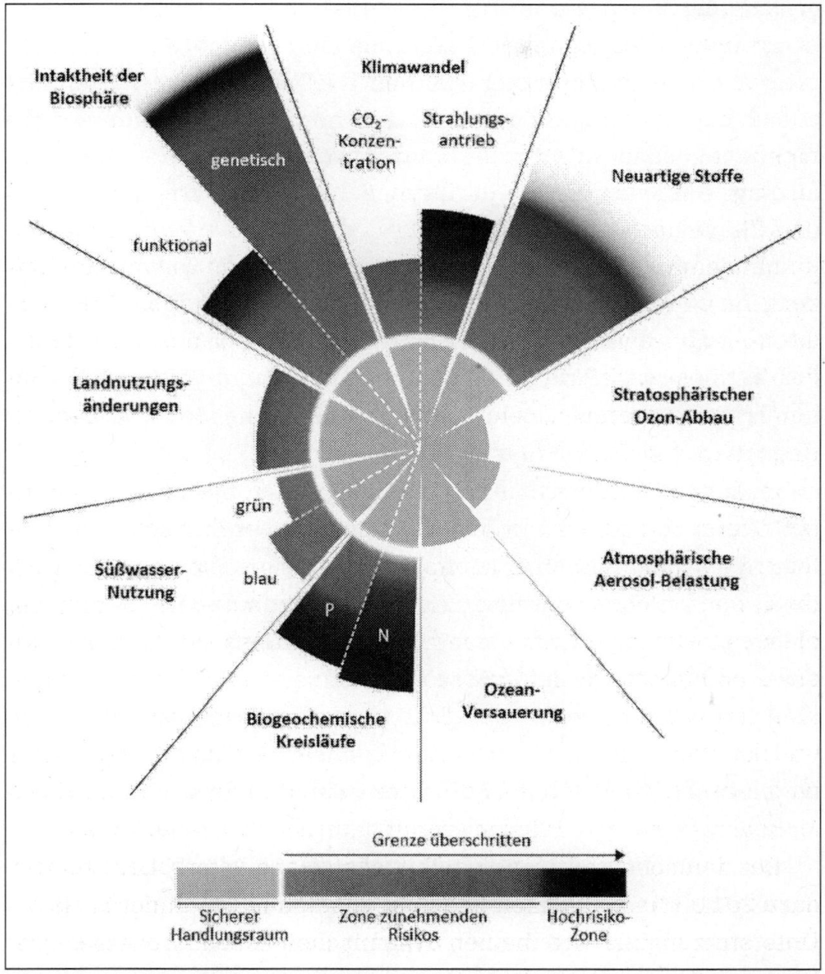

Abbildung 14: Planetare Grenzen (Quelle: RICHARDSON et al., 2023: Earth beyond six of nine planetary boundaries; übersetzt)

Wälder sind das beste Beispiel dafür: Vitale Wälder bieten einer Vielzahl von Tieren und Pflanzen ein Zuhause und liefern uns z.B. Holz, Pilze und Beeren, aber auch kühle Luft oder Schutz vor Erosion. Unsere Aufgabe ist es im Gegenzug, ihre natürliche Robustheit (z.B. gegen trockene, heiße Sommer) und ihre Elastizität (z.B. zur Aufnahme großer Regenmengen) aufrecht zu erhalten oder zu stärken. Das bringt unterm Strich deutlich mehr als einen neuen Wald zu pflanzen: Wie Forschungsergebnisse der TU Dresden zeigen, benötigt man etwa 400 junge Bäume, um die Umweltleistungen eines Altbaums mit einem Kronendurchmesser von 20 Metern zu ersetzen – also um genauso viel Luft zu filtern, Schatten zu werfen, zu kühlen und CO_2 zu speichern.

Ähnliches gilt auch für die anderen natürlichen Systeme: Sie wieder einigermaßen herzustellen, benötigt viel Zeit und Energie – und ist daher auch immer nur in einem begrenzten Maße möglich. Gerade Präventions- und Suffizienz-Maßnahmen (*vgl. Kapitel 3.4-3.5*) können hier einen großen Beitrag leisten, führen sie doch parallel zur Reduktion von Treibhausgas-Emissionen und Bodenverbrauch oft auch zu weniger Eingriffen in die ökologischen Systeme insgesamt (z.B. durch die Reduktion von Abfällen). Umgekehrt sind Maßnahmen, die primär im Sinne des Naturschutzes gesetzt werden, in der Regel auch dem Klimaschutz zuträglich. Diese Synergien ermöglichen es, sich bei verschiedenen Themen zeitgleich in Richtung des sicheren Handlungsraums zu bewegen.

4.2 Soziale Wirkungen der Maßnahmen

Klimaschutz-Maßnahmen haben nicht nur ökologische, sondern auch soziale Wirkungen. Zentral ist dabei, dass auch nach Umsetzung einer Maßnahme die Befriedigung der Bedürfnisse für gegenwärtige und zukünftige Generationen in gleicher oder vergleichbarer Art und Weise möglich sein muss (*vgl. Kapitel 3.4*).

Grundlage für die Bewertung der sozialen Wirkungen sind gesellschaftliche Grundwerte wie Menschenwürde, Solidarität oder Gerechtigkeit. Diese lassen sich an Indikatoren messen – z.B. an der Lebenszufriedenheit, der Anzahl der gesunden Lebensjahre, ob Frieden oder Krieg herrscht oder ob es eine stabile Demokratie gibt. Auch hier gilt: Wirken sich Klimaschutz-Maßnahmen neutral oder positiv auf diese Indikatoren aus, sind sie in diesem Maße positiv zu bewerten.

Bei der Anzahl der gesunden Lebensjahre beispielsweise ist klar, dass es Synergien zwischen Klima- und Sozialpolitik gibt: So werden durch die Verkehrsberuhigung in einer Straße nicht nur Treibhausgas-, sondern auch Luftschadstoff-Emissionen und Lärm reduziert – was sich positiv auf die Gesundheit der Menschen auswirkt, die neben der Straße wohnen. Dieser positive Effekt potenziert sich, wenn die Menschen dann noch aufs Fahrrad umsteigen und somit täglich Bewegung machen, anstatt im Auto von A nach B zu pendeln.

Klimaschutz-Maßnahmen können aber auch sozial negativ wirken, wie das Beispiel der Citymaut zeigt (*vgl. Einleitung Kapitel 4*). Besonders deutlich wurde das Problem 2018 in Frankreich, wo die geplante Erhöhung der Steuern auf Benzin und Diesel landesweit die »Gelbwesten-Proteste« auslöste. Aber auch in anderen Ländern fürchten sich Menschen, künftig nicht mehr mobil zu sein, kein Fleisch mehr essen zu dürfen oder nicht mehr durchgehend mit Strom und Wärme versorgt zu werden. Rechte Parteien warnen in diesem Zusammenhang gerne vor einer »Ökodiktatur«, die Menschen zu einem klimafreundlichen Verhalten zwingen würde.

Abgesehen von diesen populistischen Überzeichnungen zeigen die Reaktionen aber, welchen Einfluss Klimaschutz-Maßnahmen auf den Alltag der Menschen haben können. Sieht man sich die Zahlen an, wird klar, warum das so ist: Wenn die Menschen in Österreich wie derzeit durch ihren Konsum im Durchschnitt (!) rund 15 Tonnen Treibhausgase pro Jahr ausstoßen und maximal zwei Tonnen pro Jahr ökologisch vertretbar wären, bedeutet das zwangsläufig, dass fast alle Menschen ihren Lebensstil verändern müssen, damit Klimaneutralität erreicht werden kann.

Soziologisch besonders spannend daran ist, dass schon der Durchschnitt sehr weit über der ökologisch vertretbaren Grenze liegt. Das bedeutet, dass fast alle Menschen in Österreich zu viele Treibhausgase und zu viel Bodenverbrauch verursachen – auch jene, die Energie sparen, auf ein eigenes Auto verzichten, kein Fleisch essen oder bewusst wenig konsumieren.

Besonders hoch sind Treibhausgas-Emissionen und Bodenverbrauch tendenziell bei Personen mit hohem Einkommen bzw. mit großem Vermögen. Dies wirft die Frage der Gerechtigkeit auf. Im Durchschnitt fliegen wohlhabende Menschen beispielsweise deutlich mehr – und verursachen dadurch extrem hohe Emissionen: So führt ein Flug in einem Passagierflugzeug innerhalb von Europa pro Person hin und retour zu 0,5 bis 1 t CO_2. Wer einmal pro Monat ins Flugzeug steigt, kommt somit auf rund 10 t CO_2 pro Jahr. Nutzt er oder sie stattdessen den Privatjet, sind es mehr als 100 t CO_2 pro Jahr. Das ist mehr als acht Mal so viel, wie ein durchschnittlicher Mensch in Österreich insgesamt pro Jahr verursacht – und mehr als 50 Mal so viel, wie ökologisch vertretbar wäre. Andere Bereiche wie Wohnen, Mobilität, Konsum und Ernährung sind in dieser Kalkulation noch gar nicht eingerechnet, obwohl wohlhabende Menschen in diesen Sektoren statistisch gesehen ebenfalls überdurchschnittlich viel Klimawirkungen verursachen.

Insgesamt waren die reichsten 10% der Weltbevölkerung von 1990 bis 2015 für mehr als 50% der globalen Treibhausgas-Emissionen verantwortlich. Deshalb sind Verteilungsfragen in der Klimapolitik stets mitzudenken und Maßnahmen, die vor allem die Reichsten treffen, besonders hoch zu gewichten (z.B. Beschränkung von Privatjets). Diese sind oft schwierig durchzusetzen, schaffen aber besonders hohes Vertrauen in der Bevölkerung – weil es die Menschen als gerecht empfinden, dass diejenigen, die am meisten zur Überhitzung beitragen, ihr Verhalten auch am stärksten verändern müssen.

Dennoch treffen die Klimaschutz-Maßnahmen auch »normale« Bürger:innen: Einige Maßnahmen erleichtern es ihnen, ihren Lebensstil zu verändern – wie z.B. der Bau von Fuß- und Radwegen, das breitere Angebot an pflanzlichen Lebensmitteln oder die verbesserte Wärmedämmung von Gebäuden. Diese sogenannten *Pull-Maßnahmen* rufen wenig Widerstand hervor, weil sie kaum jemanden in seinen persönlichen Freiheiten einschränken. Sie sind jedoch in ihrer Reichweite beschränkt, da jene, die sich nicht-klimaverträglich verhalten, wenig Anreize bekommen, ihren Lebensstil zu ändern.

Anders ist das bei den sogenannten *Push-Maßnahmen*: Dazu gehören z.B. die Reduktion von Parkplätzen, die Umstellung der Kantine auf ausschließlich vegetarisches Essen oder das Verbot von Ölheizungen. Diese Maßnahmen rufen deutlich mehr Widerstand hervor, da sie die individuellen Freiheiten bis zu einem gewissen Grad einschränken. Sie verbieten grundsätzlich nichts, erschweren aber einen nicht-klimaverträglichen Lebensstil – und können genau dadurch eine höhere Wirksamkeit bzgl. Klimaschutz entfalten.

Am effektivsten ist in der Regel die Kombination aus Pull- und Push-Maßnahmen: Wenn z.B. ein Kfz-Fahrstreifen in einen Radweg umgewandelt wird, wird das Radfahren dort sicherer und somit attraktiver; das Autofahren wird dort hingegen unattraktiver, da man mit dem Pkw langsamer vorankommt. Dennoch ist es für Autofahrer:innen schwierig, gegen diese Maßnahme zu argumentieren – dient sie doch nicht nur dem Klimaschutz, sondern auch der Verkehrssicherheit, der Reduktion der Luftschadstoffe usw.

Die sozialen Wirkungen von Klimaschutz-Maßnahmen betreffen die Menschen aber nicht immer direkt, sondern oft auch indirekt über die gesellschaftlichen Subsysteme. Diese Subsysteme haben jeweils einen bestimmten Systemzweck. Die wichtigsten sind:

- ⇒ Wirtschaft (zur Befriedigung materieller Bedürfnisse)
- ⇒ Forschung und Bildung (zur Befriedigung geistiger Bedürfnisse)
- ⇒ Kunst (zur Befriedigung kreativer Bedürfnisse)

⇒ Religion (zur Befriedigung spiritueller Bedürfnisse)
⇒ Politik (zum Ausgleich der unterschiedlichen Bedürfnisse)

All diese Subsysteme können von Klimaschutz-Maßnahmen betroffen sein: Der Bau von Windkraftwerken betrifft das Wirtschaftssystem; die Erforschung neuer Speichertechnologien ist eine Aufgabe für die Wissenschaft; Künstler:innen können Menschen durch ihre Werke zum Nachdenken anregen; die Kirche kann aufzeigen, wie Schöpfungsverantwortung und Klimaschutz zusammengehören; und die Politik kann Klimaschutz in all ihren Entscheidungen berücksichtigen.

Von all diesen Systemen hat das Wirtschaftssystem den höchsten Veränderungsbedarf: Fast alle Treibhausgas-Emissionen und Landnutzungsänderungen stehen in Zusammenhang mit unserer Art des Wirtschaftens. Wie in *Kapitel 3.4* bereits ausgeführt, ist ein ewiges Wachstum auf einem begrenzten Planeten nicht denkbar. Klimaschutz-Maßnahmen müssen daher auch auf eine Veränderung des Wirtschaftssystems abzielen – hin zu einer Kreislaufwirtschaft, in der die ökologische und soziale Nachhaltigkeit sowie die Langlebigkeit und Reparaturfähigkeit von Produkten im Mittelpunkt stehen.

Ein eindrückliches Modell dazu liefert Kate RAWORTH mit der *Doughnut Economy*: Grundidee dieses Modells ist es, dass sich wirtschaftliche Prozesse innerhalb eines Rings (»Doughnut«) abspielen sollen (*vgl. Abbildung 15*). Bei zu wenig wirtschaftlichen Aktivitäten können die Bedürfnisse der Menschen nicht mehr befriedigt werden – symbolisiert durch die Innengrenzen des Rings. Werden die wirtschaftlichen Aktivitäten hingegen zu umfangreich, entfernt man sich vom eigentlichen Systemzweck und erzeugt unnötig viel negative ökologische Wirkungen. Dann überschreitet man die Außengrenzen des Rings, die deckungsgleich mit den planetaren Grenzen sind (*vgl. Kapitel 4.1*).

Folgerichtig müsste das Wirtschaftssystem durch gezielte Maßnahmen dazu gebracht werden, dass es die Grenzen des Rings in

Hinblick auf Treibhausgase und Landnutzung nicht über- und in Hinblick auf die Versorgungssicherheit nicht unterschreitet. Das Suffizienz-Prinzip (*vgl. Kapitel 3.4*) ermöglicht hier eine klare Orientierung: Können die Menschen ihre Bedürfnisse auch nach Umsetzung der Klimaschutz-Maßnahmen noch befriedigen? Ist das der Fall, ist die Maßnahme in Hinblick auf ihre sozialen Wirkungen akzeptabel. Ansonsten ist sie aus sozialen Gründen auszuschließen – und es müssen alternative Maßnahmen gefunden werden.

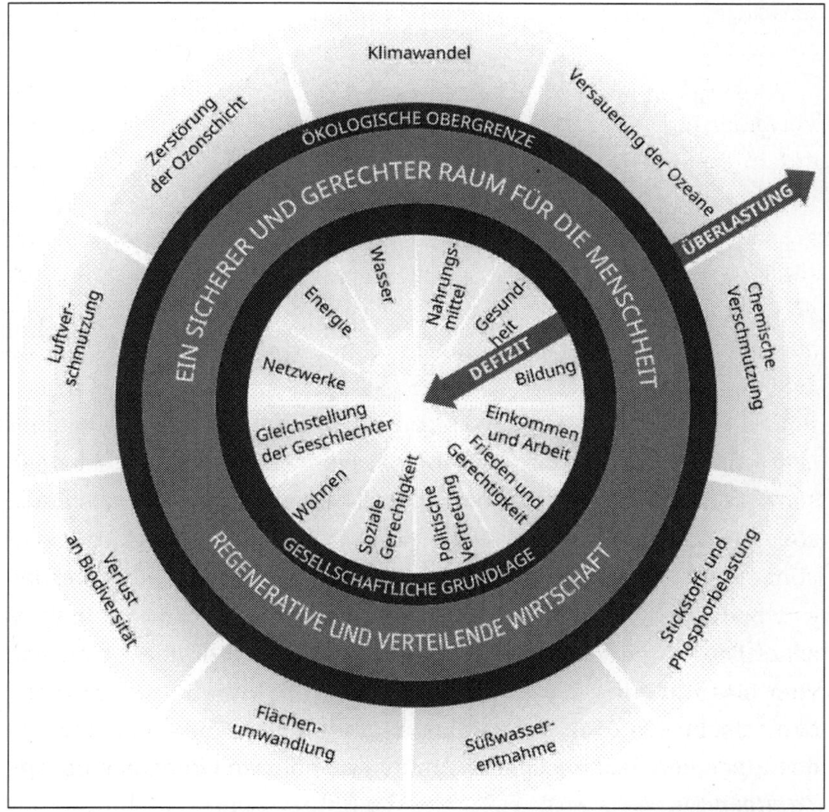

Abbildung 15: Der durch planetare Ober- und soziale Untergrenzen definierte Donut (Quelle: Wikipedia; nach RAWORTH K., 2017: Doughnut Economics: Seven ways to think like a 21st century economist)

4.3 Zeitliche Dimension der Maßnahmen

Grundsätzlich sind die Klimaschutz-Maßnahmen als permanente, überkritische Energieeinträge angelegt – d.h. sie zielen darauf ab, ein System dauerhaft zu verändern (*vgl. Kapitel 2.1*). Doch die ökologischen und sozialen Wirkungen müssen nicht sofort eintreten. Die Veränderung kann vordergründig in sehr unterschiedlichen Zeiträumen verlaufen:

- ⇒ Es gibt *kurzfristige* Maßnahmen, die in wenigen Monaten Veränderungen bewirken – z.B. die Reduktion der erlaubten Höchstgeschwindigkeit, die ab dem Aufstellen der Verkehrstafeln wirkt.
- ⇒ Es gibt *mittelfristige* Maßnahmen, nach deren Umsetzung einige Jahre vergehen, bis sich ihre vollständige Wirkung zeigt – z.B. der Bau von Radwegen, der die Menschen nach und nach zum Umsteigen bewegt.
- ⇒ Es gibt *langfristige* Maßnahmen, deren Umsetzung erst in fünf oder mehr Jahren auf das Klimasystem wirkt – z.B. das Verbot von Verbrennungsmotoren in der EU ab 2035.

Bei näherer Betrachtung dieser drei Beispiele zeigt sich jedoch, dass Maßnahmen gleichzeitig kurz-, mittel- *und* langfristig wirken können:

- ⇒ Die Reduktion der Höchstgeschwindigkeit auf der Autobahn bewirkt nicht nur weniger CO_2-Ausstoß pro Kilometer, sondern lässt auch die Fahrtdauern ansteigen. Nachdem jedoch die Zeit begrenzt ist, die wir in Mobilität investieren wollen, führt dies zu einem Rückgang der durchschnittlichen Weglängen. Dadurch wirkt die Maßnahme zumindest auch mittelfristig positiv nach.
- ⇒ Ab dem Tag, an dem ein Radweg fertiggestellt ist, steigen die ersten Menschen für bestimmte Alltagswege vom Auto auf das Fahrrad um. Dadurch wirkt die Maßnahme kurzfristig. Andere Menschen verändern ihr Verhalten hingegen erst langfristig,

weil sie erst dann aufs Fahrrad umsteigen, wenn sie damit alle Alltagswege bequem und sicher zurücklegen können.

⇒ Das Verbot von Verbrennungsmotoren bewirkt schon jetzt, dass sich viele Menschen überlegen, ob sie überhaupt noch ein Benzin- oder Diesel-Auto kaufen sollen. Dies wirkt sich kurz- und mittelfristig auf die Emissionen aus.

Die kurz-, mittel- und langfristigen Wirkungen von Klimaschutz-Maßnahmen sind daher jeweils für sich zu betrachten. Das betrifft nicht nur Treibhausgas-Emissionen und Bodenverbrauch, sondern auch die finanziellen Wirkungen, die ökologischen und sozialen Wirkungen sowie die Wechselwirkungen mit anderen Maßnahmen: In all diesen Bereichen können kurz-, mittel- und langfristig unterschiedliche Effekte auftreten.

Dies ist besonders dann zu beachten, wenn es darum geht, Maßnahmen zu bündeln: Hier können in allen Zeiträumen Synergieeffekte auftreten, wodurch das gesamte Maßnahmenbündel deutlich mehr bewirken kann als die Summe der einzelnen Maßnahmen.

Im zeitlichen Kontext ist auch der *symbolische Wert* von Klimaschutz-Maßnahmen zu berücksichtigen: So drücken schon die Planung und der Beschluss einer bestimmten Maßnahme sehr klar den Willen aus, die negativen Wirkungen auf das Klimasystem zu minimieren. Noch stärker ist dann die Symbolkraft der umgesetzten Maßnahme: Sie ist der Beweis, dass Klimaschutz einem Staat, einer Gemeinde, einem Unternehmen, einer sonstigen Organisation oder einer Einzelperson tatsächlich wichtig ist. Erst dadurch wird das Gesagte glaubwürdig. Andere verstehen, dass man es ernst meint – und beginnen zum Teil ebenfalls, ihr Verhalten zu hinterfragen.

Diese Symbolwirkung kann durchaus weitreichend sein: Wenn eine Maßnahme z.B. das Ansehen einer Gemeinde, einer Firma oder einer Einzelperson so weit erhöht, dass diese offensichtlich davon profitiert, werden andere bestrebt sein, nachzuziehen. Wenn jedoch umgekehrt klar wird, dass eine Maßnahme viel gekostet, aber kaum etwas gebracht hat, tritt der gegenteilige Effekt ein – und die Bereitschaft zur Umsetzung ähnlicher Maßnahmen wird sinken.

All diese zeitlichen Aspekte sind bei der Planung und Umsetzung von Klimaschutz-Maßnahmen zu bedenken. Maßnahmen, die aufgrund ihrer öffentlichen Wahrnehmbarkeit besonders symbolkräftig sind, können bewusst eingesetzt werden, um die Wirksamkeit zu maximieren – beispielsweise ganz zu Beginn, um zu zeigen, dass man es ernst meint; oder in einer Phase, in der andere Maßnahmen starken Widerstand hervorrufen, um in Erinnerung zu rufen, worum es eigentlich geht.

All das erfordert viel Planung – wodurch die Gefahr besteht, dass viel Zeit und viel Geld in die Planungsphase investiert werden, während die Realisierung immer weiter nach hinten geschoben wird. Eine Option, um diesen Widerspruch aufzulösen, bietet die *testweise* Umsetzung: In diesem Fall wird die Klimaschutz-Maßnahme nur in einem begrenzten Zeitraum umgesetzt – um dann zu evaluieren, ob sie tatsächlich die gewünschten Effekte erzielt. Ist dies nicht der Fall, kann die Maßnahme adaptiert oder sogar zurückgezogen werden. Aber auch wenn die gewünschten Effekte erzielt werden, kann die positive Wirkung nach einer testweisen Umsetzung möglicherweise sogar noch weiter erhöht werden, weil man beim Testen Verbesserungspotenziale erkennt. Auch die Akzeptanz von Maßnahmen kann steigen, wenn man sie real erlebt und nicht nur die Planungen dazu kennt. Deshalb ist die testweise Umsetzung bei der Planung von Maßnahmen als Option zu berücksichtigen – vor allem dann, wenn man sich bzgl. der Wirkungen oder der Akzeptanz nicht sicher ist.

Gerade bei Projekten zur Verkehrsberuhigung gibt es mit der testweisen Umsetzung umfangreiche Erfahrungen: So kann der Plan, Parkplätze oder Fahrstreifen zu reduzieren, zu großem Widerstand führen. Vor allem Gewerbetreibende fürchten dann um ihr Geschäft, einer testweisen Umsetzung stimmen sie aber oft zu. Im Zuge dessen kann dann gezeigt werden, was tatsächlich passiert: Der Autoverkehr wird weniger, während Fuß- und Radverkehr stiegen. Zudem erhöht die Reduktion von Lärm und Abgasen die Aufenthaltsqualität – wodurch die Fußgänger:innen-Frequenz zusätzlich steigt. Nach einigen Wochen, spätestens aber nach einigen Monaten profitieren davon auch die Gewerbetreibende, wie Beispiele aus vielen Städten zeigen. Das führt dazu, dass sie die endgültige Umsetzung nicht mehr bekämpfen, sondern z.T. sogar unterstützen.

4.4 Räumliche Dimension der Maßnahmen

Doch nicht nur zeitlich, auch räumlich sind die Wirkungen von Klimaschutz-Maßnahmen durchaus unterschiedlich. Während Treibhausgas-Emissionen global wirken, sind Landnutzungsänderungen vor allem lokal wirksam – wenngleich auch nicht immer unmittelbar an jenem Ort, an dem die Maßnahme gesetzt wird. Ein Beispiel dafür sind die Futtermittel-Importe: Werden diese verringert, werden nicht nur die Treibhausgas-Emissionen für den Transport reduziert, sondern auch der zusätzliche Bodenverbrauch, da im Ausland keine weiteren Flächen für den Futtermittel-Anbau gerodet werden.

Noch komplexer wird es, wenn im räumlichen Kontext nicht nur die Klimawirkung, sondern alle ökologischen und sozialen Wirkungen der Maßnahmen berücksichtigt werden: So bedeutet z.B. die Umstellung einer Heizung auf Biomasse zunächst einmal einen Auftrag für ein regionales Unternehmen, das den Einbau vornimmt. Dieses benötigt vordergründig Material wie z.B. einen Heizkessel, der aus verschiedensten Einzelteilen gefertigt wird, die meist aus vielen verschiedenen Ländern kommen. Ebenso gefragt sind Mitarbeiter:innen mit dem entsprechenden Know-How, ein Lkw für den Transport, aber z.B. auch ein funktionierender Bürobetrieb, um die Bürokratie im Hintergrund zu erledigen. Hinzu kommen nach Inbetriebnahme der Heizung Fragen wie: Woher beziehe ich die Biomasse? Wer kümmert sich um die Instandhaltung? Wer repariert sie bei Bedarf? Und was passiert damit am Ende der Nutzungsdauer?

Dieses Beispiel zeigt, dass schon der Einbau einer einzigen Biomasse-Heizung ökologische und soziale Auswirkungen hat, die weit über den eigentlichen Standort der Heizung hinausgehen. Wird nun z.B. gesetzlich beschlossen, dass alle Ölheizungen bis zu einem gewissen Zeitpunkt durch andere Heizarten ersetzt werden müssen, sind davon nicht nur die Menschen betroffen, die solche Heizanlagen besitzen. Indirekt kann es auch dazu führen, dass z.B. die Papierindustrie mehr Holz aus dem Ausland importieren muss.

All diese räumlich relevanten Fragen gilt es, bei der Bewertung der Klimaschutz-Maßnahmen zu berücksichtigen. Dabei geht es weniger um die Details (z.B.: Wo wurde der Reifen des Transporters hergestellt, mit dem die Heizung transportiert wird?) – sondern darum, die großen, klimawirksamen Prozesse hinter der Maßnahme zu erkennen und deren räumliche Auswirkungen zu analysieren (z.B.: Woher kommt das Unternehmen, das die Heizung einbaut bzw. bei Bedarf repariert? Woher kommt die Biomasse? Wohin kommt die alte Heizanlage?). Daraus lassen sich dann Schlussfolgerungen für die konkrete Ausgestaltung der Maßnahme ziehen, um beispielsweise Transportmengen und -wege möglichst kurz zu halten oder Maßnahmen auch regional unterschiedlich umzusetzen.

4.5 Finanzielle Wirkungen der Maßnahmen

Neben diesen z.T. weitreichenden Wirkungen auf ökologische und soziale Systeme haben Klimaschutz-Maßnahmen auch finanzielle Wirkungen. Dazu gehören:

- ⇒ vor der Umsetzung: einmalige Ausgaben für die Planung
- ⇒ in der Umsetzung: einmalige Ausgaben (Investitionen), einmalige Einnahmen (z.B. durch Förderungen)
- ⇒ nach der Umsetzung: einmalige Ausgaben für die Evaluierung, erhöhte oder verringerte laufende Ausgaben oder Einnahmen, Veränderung des Vermögens

Diese finanziellen Wirkungen vorab zu kalkulieren ist nicht nur aus betriebswirtschaftlichen Gründen wichtig. Sie sind auch ein wichtiger Indikator, um das Kosten-Nutzen-Verhältnis zu beurteilen – also konkret, welche Einsparungen an Treibhausgas-Emissionen bzw. Bodenverbrauch pro eingesetztem Euro zu erwarten sind.

Wie die Auflistung oben zeigt, sind dafür nicht nur die zusätzlichen Ausgaben heranzuziehen, die durch Planung, Umsetzung und Evaluierung einmalig oder laufend entstehen. Finanziell negativ können auch verringerte Einnahmen und Vermögensverluste wirken (z.B. durch die Verkleinerung des Filialnetzes). Andererseits können Klimaschutz-Maßnahmen finanziell positive Wirkungen entfalten, indem sie die Ausgaben verringern (z.B. durch weniger Stromverbrauch), die Einnahmen erhöhen (einmalig z.B. durch öffentliche Förderungen, laufend z.B. durch neue Produkte) oder das Vermögen steigern. Zudem können auch indirekte Effekte eintreten – z.B., weil das Unternehmen die Umsetzung der Maßnahme fürs Marketing nutzt und dadurch neue Kund:innen gewinnt. Auch diese sind bei der Bewertung der finanziellen Wirkungen zu berücksichtigen.

Letztlich lässt sich aus all diesen positiven und negativen finanziellen Effekten ein Saldo errechnen, mit dem bewertet werden kann, was eine einzelne Klimaschutz-Maßnahme kurz-, mittel- und langfristig kostet bzw. bringt. Dies dann in ein Verhältnis zum Nutzen zu setzen – im Sinne von *EUR pro eingesparter Tonne* CO_2 oder *EUR pro* m^2 *weniger verbrauchter Bodenfläche* – bietet eine gute Grundlage, um die ökonomische Wirkung der Maßnahme zu bewerten und sie zu anderen Maßnahmen zu vergleichen.

4.6 Akzeptanz der Maßnahmen

Unter Berücksichtigung der räumlich und zeitlich unterschiedlichen ökologischen, sozialen und finanziellen Wirkungen lassen sich höchst effektive Klimaschutz-Maßnahmen entwickeln. Doch letztendlich geht es um die Umsetzung – und dafür braucht es vor allem eines: *Akzeptanz*. Akzeptanz bedeutet in diesem Fall, dass eine betroffene Person (oder Gruppe) keinen *Widerstand* gegen die Umsetzung der Maßnahme hat. Sie kann zwischen 0 und 100% liegen.

Nicht zu verwechseln ist die Akzeptanz mit der *Zustimmung*: Wer nicht gegen eine Maßnahme ist, muss nicht automatisch dafür sein. Die Maßnahme kann ihr oder ihm auch einfach egal sein. Die Gruppe der Zustimmenden ist demnach eine Teilmenge der Gruppe derjenigen, die die Maßnahme akzeptiert. Sie ist nicht unbedeutend, weil sie die Motivation der Betroffenen widerspiegelt, die Umsetzung auch aktiv zu unterstützen. Entscheidend bei der Auswahl von Maßnahmen ist jedoch die Akzeptanz (*vgl. Abbildung 16*).

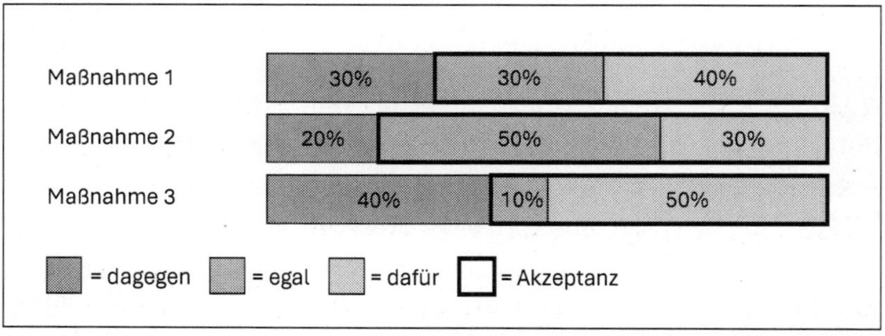

Abbildung 16: Bewertung der Akzeptanz von Klimaschutz-Maßnahmen (Maßnahme 2 hat mit 50% + 30% = 80% die höchste Akzeptanz, obwohl die Zustimmung dafür mit 30% am geringsten ist)

Die Zustimmung ist nur bei jenen wichtig, die aus rechtlichen Gründen über die Umsetzung der Maßnahme entscheiden müssen. In den Entscheidungsgremien sehen die Regelungen oft vor, dass eine Maßnahme mindestens 50% Zustimmung erhalten muss. Die Entscheidungsträger:innen müssen daher bis zu einem gewissen Grad davon überzeugt sein, dass sich die Umsetzung der Maßnahme positiv auf Unternehmen, Gemeinde etc. auswirken wird.

Gerade diese Gremien achten in ihrer Entscheidungsfindung aber wiederum auf die zu erwartende Akzeptanz der Maßnahme bei den

Betroffenen: Werden diese dagegen protestieren? Werden sie vielleicht sogar andere in die Proteste mit hineinziehen, weil sich diese solidarisieren? Und entstehen dadurch im Endeffekt mehr Probleme, als wenn man die Maßnahme nicht umsetzt?

Damit diese Fragen nicht im luftleeren Raum stehen bleiben, gilt es, die Akzeptanz von Klimaschutz-Maßnahmen vorab zu bewerten. Sollte sie als zu gering eingeschätzt werden, sind vor der Umsetzung der Maßnahme entsprechende Schritte zu setzen, um die Akzeptanz bei den Betroffenen zu erhöhen. Dieser Prozess der Partizipation kann auf drei verschiedenen Stufen erfolgen (*vgl. Abbildung 17*).

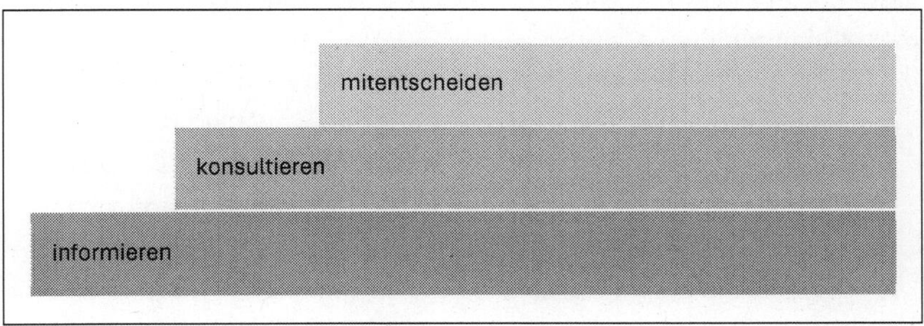

Abbildung 17: Stufen der Partizipation

Ein Mittel auf der untersten Stufe, der *Information*, sind z.B. Kampagnen, die ein Verständnis für bestimmte Maßnahmen erzeugen. Dabei sind eine gute Öffentlichkeitsarbeit und das richtige Wording von zentraler Bedeutung. Das Problem dabei ist: Widerstand basiert selten nur darauf, dass die Menschen nicht verstehen, worum es bei einer Maßnahme geht. Oft sind sie auch von den negativen Wirkungen der Maßnahmen überdurchschnittlich stark betroffen; oder sie befürchten Wirkungen, die in der Information gar nicht adressiert werden.

Besser als Information ist daher *Konsultation*: Wenn Betroffene bei der Entwicklung der Maßnahme offen und ehrlich gefragt werden, welche Ideen und Wünsche, aber auch Probleme und Sorgen sie diesbezüglich haben, steigt die Akzeptanz schon allein durch dieses »Gehört-Werden«. Wenn sie dann auch noch nachvollziehbare Rückmeldungen erhalten, wie ihre Antworten in die Entwicklung der Maßnahme eingeflossen sind, löst sich der Großteil des Widerstands schon vorab in Luft auf. Übrig bleiben dann nur diejenigen, die tatsächlich einen inhaltlichen Einwand haben; und auch jene, denen es gar nicht um die Sache geht, sondern die aus anderen Gründen im Widerstand gegen die Entscheidungsträger:innen sind. Alle anderen können durch dieses Vorgehen aber viel besser abgeholt werden als z.B. durch eine Kampagne.

Dennoch kann es sein, dass der Widerstand auch nach einer Konsultation als zu hoch eingeschätzt wird. In diesem Fall gibt es drei Möglichkeiten:

1. Die Maßnahme wird trotzdem umgesetzt, und man entwickelt eine Kommunikationsstrategie für den Umgang mit dem zu erwartenden Widerstand. In diesem Fall könnte z.B. eine testweise Umsetzung hilfreich sein (*vgl. Kapitel 4.3*).
2. Die Maßnahme wird adaptiert, um die sachlich begründeten Einwände auszuräumen. Damit nimmt man in Kauf, dass sich möglicherweise die Kosten erhöhen, die Wirksamkeit der Maßnahme verringert oder andere, unerwünschte ökologische oder soziale Wirkungen auftreten.
3. Man befragt die Betroffenen über die Umsetzung der Maßnahme: Dies ist besonders sensibel, weil es dadurch zu einer Spaltung in zwei Lager (Pro und Contra) kommen kann. Deshalb sollten in solchen Situationen mehrere Varianten der Maßnahme zur Abstimmung gestellt werden – inklusive der Option, gar keine Maßnahme zu setzen. Wenn die Betroffenen dann bei jeder Maßnahme zwischen »dafür«, »eher dafür«, »egal«, »eher dagegen« und »dagegen« auswählen können, hat man am Ende ein aussagekräftiges Stimmungsbild der Betroffenen – und kann die Variante mit der höchsten Akzeptanz (d.h. den wenigsten Stimmen »eher dagegen« oder »dagegen«) im Auftrag der Betroffenen umsetzen (*vgl. Abbildung 18*).

	sehr dagegen	eher dagegen	egal	eher dafür	sehr dafür
Variante 1 umsetzen	○	⊗	○	○	○
Variante 2 umsetzen	○	○	○	○	⊗
Status Quo belassen	○	○	⊗	○	○

Abbildung 18: Systemische Abstimmung

Zu berücksichtigen ist, dass solche Konsultationen und Befragungen – ebenso wie Kampagnen – einen erheblichen personellen und finanziellen Aufwand bedeuten können. Aber wenn die Akzeptanz für eine Maßnahme als zu gering eingeschätzt wird, sind sie alternativlos. Sonst schafft es die Maßnahme nicht einmal durch die Entscheidungsgremien – und wenn doch, ist der personelle und finanzielle Aufwand im Nachhinein deutlich höher, weil man die Betroffenen beruhigen und ihnen dazu am Ende vielleicht erst Zugeständnisse machen muss. Neben diesem Zusatzaufwand bekommt dann aber auch der Klimaschutz ein schlechtes Image, was die Umsetzung weiterer Maßnahmen erschwert oder überhaupt dazu führt, dass die Entscheidungsgremien bei dem Thema nur mehr sehr zurückhaltend agieren, weil sie keine weiteren Proteste riskieren wollen.

Am intelligentesten erscheint es daher, den Prozess der Maßnahmen-Entwicklung umzustellen. Derzeit läuft dieser meist so ab:

1. Die Maßnahme wird von Expert:innen geplant. Wen sie dabei wann und wie einbinden, ist ihnen überlassen. Da Einbindung jedoch Aufwand bedeutet und ihre Expertise infrage stellen kann, wird sie tendenziell geringgehalten.
2. Nach Abschluss der Planung wird die Maßnahme dem Entscheidungsgremium als bestmögliche Lösung verkauft und daher von diesem abgesegnet.

3. Die Maßnahme wird umgesetzt.
4. Wenn Proteste aufkommen, reagiert man mit mehr Information für die Betroffenen und startet ggf. eine Kampagne.
5. Wenn das nicht ausreicht, um die Betroffenen zu beruhigen, macht man ihnen Zugeständnisse, die die Klimawirksamkeit der Maßnahme abschwächen.
6. Am Ende hat man viel Zeit und Geld vor allem in die Schritte 4 und 5 investiert, aber wenig für das Klima erreicht – und zugleich das Image des Klimaschutzes verschlechtert.

Eine Umstellung dieses Prozesses würde bedeuten, an der Akzeptanz nicht erst dann zu arbeiten, wenn die Maßnahme fertig geplant ist – sondern die Betroffenen schon von Beginn an in die Entwicklung von Klimaschutz-Maßnahmen einzubinden. Das müssen nicht alle sein, aber zumindest Vertreter:innen der betroffenen Gruppen sollten gebeten werden, ihre Wünsche und Sorgen einzubringen, sodass man bereits in der Planung darauf Rücksicht nehmen kann. Dadurch lässt sich gleich zu Beginn abschätzen, wie groß der Widerstand bzw. die Akzeptanz für die Maßnahme in der Umsetzung sein wird. Der gesamte Prozess würde dann so aussehen:

1. Die Maßnahme wird von Expert:innen unter Konsultation der Vertreter:innen aller betroffenen Gruppen geplant. Die Vertreter:innen erhalten Rückmeldungen, wie ihre Wünsche und Sorgen im Plan berücksichtigt wurden.
2. Dem Entscheidungsgremium werden mehrere Varianten der Maßnahme vorgelegt, inklusive Bewertung der jeweiligen Akzeptanz. Nun kann der Beschluss erfolgen:
   a. Das Gremium entscheidet sich direkt für eine Variante (=> weiter bei 3.).
   b. Das Gremium befragt zuerst die Betroffenen und entscheidet sich dann für eine Variante (=> weiter bei 3.).
   c. Das Gremium beauftragt Expert:innen mit der Ausarbeitung weiterer Varianten (=> weiter bei 1.).

d. Das Gremium beschließt, die Maßnahme nicht weiter zu verfolgen (=> Prozess wird beendet).
3. Die beschlossene Variante wird umgesetzt.
4. Es entstehen keine nennenswerten Proteste.
5. Man muss den Betroffenen keine Zugeständnisse machen und die Maßnahme nicht abschwächen.
6. Am Ende hat man Zeit und Geld vor allem in Schritt 1 investiert, aber auch viel für den Klimaschutz erreicht – und zugleich das Image des Klimaschutzes verbessert.

In der höchsten Stufe der Partizipation kann die Maßnahmen-Entwicklung noch weiter gedacht werden. Dabei geht es nicht nur um eine Befragung, sondern um die Möglichkeit zur *Mitentscheidung*, welche Maßnahmen umgesetzt bzw. welche überhaupt entwickelt werden. Für eine echte Mitentscheidung fehlen jedoch häufig die politischen Instrumente:

⇒ In Österreich können rechtlich verbindliche Volksabstimmungen nur von der repräsentativen Ebene beschlossen werden – d.h. von Nationalrat, Landtagen oder Gemeinderäten. Die Bürger:innen selbst können nur Unterschriften für Petitionen oder Volksbegehren sammeln, die dann zwar von der Politik behandelt werden, aber in keinen Beschluss münden müssen. So wurde das »Klimavolksbegehren« 2020 von über 380.000 Menschen unterzeichnet, zentrale Forderungen wie »Ein Recht auf Klimaschutz in der Verfassung« sind aber bis heute nicht umgesetzt.

⇒ In Deutschland ist die Situation auf Bundesebene gleich. In vielen Bundesländern sind von Bürger:innen initiierte, rechtlich verbindliche Volksentscheide jedoch zumindest auf Landes- oder Gemeindeebene möglich. Bekannt wurde z.B. der »Volksentscheid Fahrrad«, durch den die Menschen in Berlin (und später in anderen deutschen Städten) die Politik zum Ausbau der Radinfrastruktur verpflichteten.

⇒ Die meisten Möglichkeiten zur Mitentscheidung haben die Menschen in der Schweiz: Dort können die Bürger:innen auf allen Ebenen Volksentscheide initiieren und auch bei vielen Gesetzen mitentscheiden. So wurde z.B. das Klima- und Innovationsgesetz, durch das die Schweiz bis 2050 klimaneutral sein soll, im Jahr 2023 mit 59% Zustimmung angenommen.

In allen Ländern problematisch ist, dass bei Volksabstimmungen bzw. Volksentscheiden immer nur zwischen zwei Varianten abgestimmt werden kann – wodurch die inhaltliche Debatte häufig rasch in einer Polarisierung zwischen »dafür« und »dagegen« endet.

Einen Ausweg dafür sollen *Klimaräte* schaffen: Dabei werden zufällig ausgewählte Bürger:innen eingeladen, in mehreren Workshops Klimaschutz-Maßnahmen zu entwickeln. Die zufällige Zusammensetzung soll neue, praxisnahe Ideen sowie eine höhere Akzeptanz für die Maßnahmen bringen, da diese von einer repräsentativen Gruppe »normaler« Bürger:innen empfohlen werden. Tatsächlich können Klimaräte ihre Wirkung aber nur dann entfalten, wenn sich die Politik vorab dazu verpflichtet, die empfohlenen Maßnahmen auch umzusetzen. Hat der Klimarat – wie in Österreich 2022 – hingegen nur einen empfehlenden Charakter, ist sein Mehrwert überschaubar.

Für einen tatsächlich demokratischen Klimaschutz-Prozess, bei dem die Bürger:innen mitentscheiden können, könnte die Politik vorgehen wie folgt:

1. Alle Bürger:innen werden eingeladen, ihre Ideen für Klimaschutz-Maßnahmen einzubringen.
2. Deren gewählte Repräsentant:innen (z.B. Gemeinderäte, Landtage, nationale Parlamente) priorisieren die Ideen und erstellen eine vorläufige Liste mit den ihrer Ansicht nach wichtigsten Maßnahmen, die von den zuständigen Abteilungen geplant und umgesetzt werden sollen.
3. Sollten die Bürger:innen mit einzelnen Maßnahmen dieser Liste nicht einverstanden sein, haben sie das Recht, innerhalb

einer angemessenen Frist durch die Sammlung einer gewissen Anzahl an Unterschriften ein Veto einzulegen. Ebenso haben sie die Möglichkeit, in diesem Zeitraum durch die Sammlung einer gewissen Anzahl an Unterschriften die Aufnahme weiterer Maßnahmen auf die Liste einzufordern.

4. Nach Ablauf der Frist erstellen die Repräsentant:innen eine endgültige Maßnahmen-Liste. Im Vergleich zur vorläufigen Liste entfernen sie darin die Maßnahmen, gegen die die Bürger:innen ein Veto eingelegt haben und fügen die Maßnahmen hinzu, die die Bürger:innen eingefordert haben. Anschließend beauftragen sie die zuständigen Abteilungen mit der Planung und Umsetzung dieser Maßnahmen.
5. Dieser Prozess wird regelmäßig wiederholt.

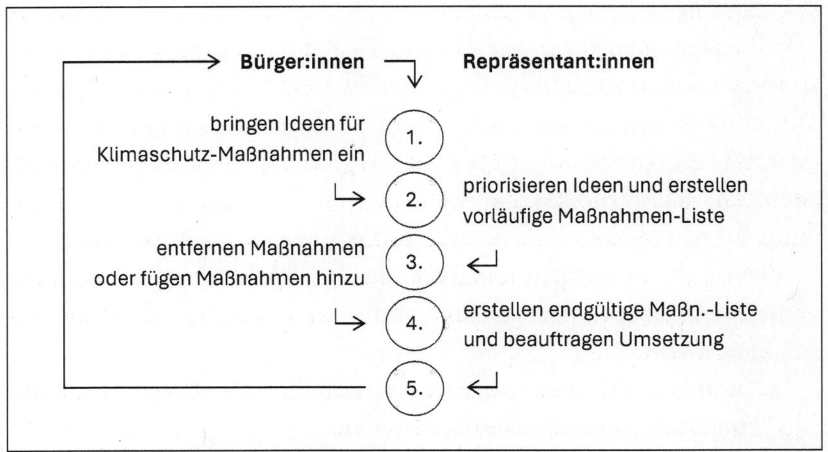

Abbildung 19: Demokratischer Aufbau eines Klimaschutz-Prozesses

Ganz ähnlich könnte der Prozess in Unternehmen gestaltet sein: Dort treten Mitarbeiter:innen und ggf. auch Kund:innen anstelle der Bürger:innen und der Vorstand des Unternehmens anstelle der Repräsentant:innen. Dies mag unüblich sein, aber davon können auch Unternehmen profitieren – erhöht die demokratische Gestaltung des

Klimaschutz-Prozesses doch nicht nur die Akzeptanz für die Maßnahmen, sondern aktiviert auch die *Intelligenz der Vielen*.

Im Umkehrschluss bedeutet das: Die Qualität der Maßnahmen wird durch die Partizipation besser, dadurch erhöht sich deren Akzeptanz, und dadurch reduziert sich wiederum der Aufwand in der Umsetzung. *Alle Organisationen, die dies verinnerlicht haben, werden deutlich schneller Klimaneutralität erreichen.*

4.7 Entscheidungskriterien für Maßnahmen

Die Entscheidung, welche Klimaschutz-Maßnahmen umgesetzt werden und welche nicht, hängt auch von Faktoren ab, die stark subjektiv geprägt sind, z.B.:

⇒ *Wahrnehmung von Kosten und Nutzen*: Für Entscheidungsgremien ist die Frage nach Kosten und Nutzen sehr zentral. Unter Nutzen wird in der Regel der kurzfristige Nutzen für das eigene Unternehmen bzw. das eigene Klientel verstanden, während bei den Kosten oft nur die zusätzlichen Ausgaben für die Maßnahme betrachtet werden (*vgl. Kapitel 4.5*). Die scheinbar objektive Kosten-Nutzen-Darstellung ergibt dadurch häufig ein stark verzerrtes, einseitiges Bild zugunsten von Maßnahmen, die kurzfristig zwar wenig Kosten verursachen, aber langfristig auch wenig Wirkung erzielen.

⇒ *Wahrnehmung der Akzeptanz*: Wenn Entscheidungsträger:innen über Medien u.ä. suggeriert wird, dass eine bestimmte Klimaschutz-Maßnahme auf große Ablehnung stoßen würde, kann dies die Entscheidung gegen die Umsetzung dieser Maßnahme stark befördern – obwohl die tatsächliche Akzeptanz möglicherweise deutlich höher liegt (*vgl. Kapitel 4.6*).

⇒ *Wahrnehmung der sozialen Wirkungen*: Entscheidungsgremien fühlen sich verantwortlich dafür, das System, für das sie entscheiden dürfen, möglichst stabil zu halten. Daher gibt es vor allem gegenüber direkten, kurzfristig spürbaren und sozial negativen Wirkungen eine hohe Sensibilität. Wenn durch die Umsetzung der Maßnahme beispielsweise eine höhere Arbeitslosigkeit oder ein schwächeres Wirtschaftswachstum eintreten könnte, wird dies als starkes Argument gegen bestimmte Klimaschutz-Maßnahmen herangezogen. Indirekte, längerfristige oder weltweite soziale Wirkungen spielen in der Wahrnehmung hingegen – ebenso wie alle ökologischen Wirkungen – nur eine untergeordnete Rolle (*vgl. Kapitel 4.1-4.4*).

⇒ *Werthaltungen*: Für Menschen, denen die Überhitzung der Erde egal ist oder die ohnehin nicht daran glauben wollen, ist schon das Wort »Klimaschutz« ein rotes Tuch. Als Mitglied von Entscheidungsgremien werden sie Klimaschutz-Maßnahmen daher bestenfalls tolerieren. Ihre Zustimmung ist nur dann zu erwarten, wenn die Maßnahmen mit einem anderen Etikett versehen werden – z.B. damit, dass eine geringere Kfz-Geschwindigkeit auch die Sicherheit für Kinder am Schulweg erhöht.

⇒ *Persönliche oder strategische Gründe*: All das wird häufig noch von Überlegungen überlagert, bei denen es darum geht, welche persönlichen Vor- oder Nachteile die Zustimmung zu einer bestimmten Maßnahme mit sich bringen bzw. was strategisch betrachtet als Unternehmen oder Partei hilfreich sein könnte. Diese Überlegungen werden in der Regel nicht publik, beeinflussen im Hintergrund aber stark, ob der/die Entscheidungsträger:in eher nach Argumenten für oder nach Argumenten gegen die Maßnahme sucht.

All das führt letztlich dazu, dass häufig nicht die effektivsten Klimaschutz-Maßnahmen umgesetzt werden – sondern jene, die dem Unternehmen oder der Partei einen kurzfristigen Nutzen bringen, die von den Betroffenen breit akzeptiert werden, die sozial wenig bis gar nichts verändern und die den Entscheidungsträger:innen in ihre persönlichen und strategischen Überlegungen passen. Dies lässt sich auch nicht verhindern, sind die Faktoren doch systemimmanent.

Dennoch kann man beeinflussen, wie wichtig die einzelnen Faktoren tatsächlich in der Entscheidungsfindung sind. Wesentlich dafür ist, wie die Maßnahmen den Entscheidungsträger:innen präsentiert werden. Grundsätzlich geht es dabei um folgende fünf Fragen:

⇒ *Wozu*: Was bringt die Umsetzung der Maßnahme in Hinblick auf die Reduktion der eigenen Treibhausgas-Emissionen bzw. des eigenen Bodenverbrauchs?

⇒ *Wie*: Welche Schritte müssen gesetzt werden, um die Maßnahme umzusetzen?

⇒ *Was*: Was bedeutet die Maßnahme für die eigene Organisation? Welche direkten und indirekten finanziellen Wirkungen hat die Umsetzung? Welche ökologischen und sozialen Wirkungen sind zu erwarten – kurz-, mittel- und langfristig, vor Ort und anderswo? Welche Wechselwirkungen gibt es mit anderen Maßnahmen? Gibt es Synergien?

⇒ *Wer*: Wer plant? Wer setzt um? Wer sind die Betroffenen? Wie wurden sie in die Entwicklung eingebunden? Wie hoch ist deren Akzeptanz? Wie ist die weitere Kommunikation bzw. Einbindung geplant?

⇒ *Wann*: In welchem Zeitraum sollen Planung und Umsetzung erfolgen?

Um diese Fragen beantworten zu können, müssen vorab Daten zu den einzelnen Maßnahmen erhoben werden. Die Berechnung der Klimawirksamkeit beispielsweise ist nicht trivial, aber mithilfe der entsprechenden Tools bzw. professioneller Unterstützung machbar. Die finanziellen Wirkungen können – auch mithilfe der Expert:innen innerhalb der Organisation – abgeschätzt werden (*vgl. Kapitel 4.5*). Auch die wichtigsten Wechselwirkungen mit anderen Maßnahmen kann man meist benennen.

Am schwierigsten ist die Bewertung der ökologischen und sozialen Wirkungen einer Klimaschutz-Maßnahme, da davon verschiedene Subsysteme in unterschiedlichen zeitlichen und räumlichen Dimensionen betroffen sind (*vgl. Kapitel 4.1-4.4*). Über Indikatoren ist es möglich, diese zumindest teilweise zu quantifizieren. Auch dafür gibt es Tools, die eine quantitative Bewertung aller ökologischen und sozialen Wirkungen eines Unternehmens ermöglichen und dadurch auch eine fundierte Abschätzung dessen, wie sich eine einzelne Klimaschutz-Maßnahme darauf auswirkt.

Unternehmen, die nicht über derartige Instrumente verfügen, können ihre ökologischen und sozialen Wirkungen nur grob abschätzen. Dies kann z.B. durch die folgende Bewertungsskala erfolgen:

- ⇒ +2: stark positive Wirkung
- ⇒ +1: eher positive Wirkung
- ⇒ ±0: keine nennenswerte Wirkung
- ⇒ –1: eher negative Wirkung
- ⇒ –2: stark negative Wirkung

Um dabei etwas differenzierter vorzugehen, kann man diese Bewertung auf die einzelnen ökologischen (Atmosphäre, Biosphäre, Hydrosphäre, Pedosphäre, Lithosphäre) bzw. sozialen Subsysteme (Wirtschaft, Wissenschaft und Bildung, Kunst und Kultur, Religion, Politik) herunterbrechen und daraus Durchschnittswerte bilden. Unternehmen können sich stattdessen auch an den Standards zur Nachhaltigkeitsberichterstattung orientieren (z.B. Global Reporting Initiative, European Sustainability Reporting Standards). Eine weitere Differenzierung (z.B. durch Unterscheidung zwischen kurz-, mittel- und langfristigen oder zwischen lokalen, regionalen und globalen Wirkungen) erscheint nur dann sinnvoll, wenn es sich um besonders umfangreiche Maßnahmen handelt.

Letztlich brauchen die Entscheidungsgremien ohnehin keine umfangreichen Tabellen, sondern klare Aussagen darüber, worauf sich die Maßnahme besonders positiv (im Sinne der Erfolgskommunikation) und worauf sie sich besonders negativ (im Sinne eines zusätzlichen Handlungsbedarfs) auswirken könnte. Dies erleichtert es, eine möglichst objektive und faktenbasierte Diskussion zu führen – und ist auch Voraussetzung dafür, dass die Maßnahmen anhand ihrer Gesamtwirkung sinnvoll priorisiert werden können.

Eine gut aufbereitete, ganzheitliche Bewertung der Klimaschutz-Maßnahme ist somit die beste Voraussetzung dafür, dass die Entscheidungsgremien eine Maßnahme inhaltlich positiv bewerten. Werden bei der Präsentation der Maßnahme dann auch noch gezielt die subjektiven Faktoren der Entscheidungsträger:innen adressiert, fällt auch die emotionale Bewertung positiv aus – und die Maßnahme wird mit hoher Wahrscheinlichkeit beschlossen.

5 Beiträge verschiedener Gruppen zum Klimaschutz

Wie man zu effektiven Klimaschutz-Maßnahmen kommt, wurde in den vorangegangenen Kapiteln ausführlich erläutert. *Wer* für die Entwicklung und Umsetzung dieser Maßnahmen zuständig ist, blieb bisher jedoch weitgehend offen. In *Kapitel 1.4* wurde bereits festgehalten, dass das Ziel Klimaneutralität nur dann erreichbar ist, »wenn alle Menschen ihren Beitrag dazu leisten – egal, ob im Privatleben, im Beruf, in öffentlichen Debatten oder an der Wahlurne.« Aber was bedeutet das konkret?

In der Praxis tragen verschiedene Gruppen auf unterschiedliche Art und Weise zu Treibhausgas-Emissionen und Bodenverbrauch bei: Während Unternehmen (*vgl. Kapitel 5.1*), land- und forstwirtschaftliche Betriebe (*vgl. Kapitel 5.2*) und Einzelpersonen (*vgl. Kapitel 5.3*) sehr viel direkten Einfluss haben, ist die Wirkung von Politik und Verwaltung (*vgl. Kapitel 5.4*), Interessensvertretungen (*vgl. Kapitel 5.5*), Verbänden und NGOs (*vgl. Kapitel 5.6*), Medien (*vgl. Kapitel 5.7*), Wissenschaft und Bildung (*vgl. Kapitel 5.8*), Kunst und Kultur (*vgl. Kapitel 5.9*) sowie Religion und Kirche (*vgl. Kapitel 5.10*) eher indirekt – aber gerade deswegen auch teilweise deutlich größer.

5.1 Beitrag der Unternehmen

Unternehmen spielen eine zentrale Rolle bei der Erreichung der Klimaschutz-Ziele, stehen doch fast alle Treibhausgas-Emissionen und Landnutzungsänderungen in direktem oder indirektem Zusammenhang mit wirtschaftlichen Aktivitäten. Wenn Unternehmen dazu verpflichtet werden, klimaneutral zu wirtschaften, wirkt sich dies auf die gesamte Gesellschaft aus.

Doch eine solche Verpflichtung ist schwierig, sind multinationale Konzerne doch häufig mächtiger als einzelne Staaten. Dadurch können sie diese beim Klimaschutz gegeneinander ausspielen – frei nach dem Motto: »Wenn ihr strengere Vorgaben macht, verlagern wir die Produktion in ein anderes Land.« Das führt dazu, dass viele Staaten im Klimaschutz sehr zurückhaltend agieren.

Gleichzeitig bemühen sich einige Unternehmen, sich als besonders nachhaltig oder überhaupt »klimaneutral« darzustellen – sei es aus intrinsischer Motivation der Eigentümer:innen heraus; um zu zeigen, dass es auch ohne politische Vorgaben geht; oder einfach, um auch kritische Konsument:innen zufrieden zu stellen und damit Marktanteile zu gewinnen. Doch die Kriterien dafür sind oft schwammig und deren Einhaltung schwierig zu kontrollieren. 2024 schob die Europäische Union dieser Art des Greenwashings daher den Riegel vor und verbat die Nutzung des Begriffs, sofern nicht alle relevanten Emissionen erfasst werden und Klimaneutralität nur bilanziell durch Kompensations-Maßnahmen erreicht wird (*vgl. Kapitel 3.3*).

Tatsächlich sollte das Label »klimaneutral« im Sinne einer ganzheitlichen, systemischen Betrachtungsweise nur für Unternehmen gelten,

- ⇒ deren unternehmerische Aktivitäten nachweislich weder direkt noch indirekt weitere Treibhausgas-Emissionen oder weiteren Bodenverbrauch verursachen oder
- ⇒ die Treibhausgas-Emissionen und Bodenverbrauch nachweislich auf das derzeit technisch mögliche Minimum gesenkt haben und diese durch *nachhaltige* Kompensations-Maßnahmen (*vgl. Kapitel 3.3*) ausgleichen.

Der Grundstein für die Bewertung der Klimaneutralität ist eine *Klimabilanz*, die Auskunft über die Treibhausgas-Emissionen und den Bodenverbrauch des vorangegangenen Jahres gibt. Diese muss alle unternehmensinternen Prozesse beinhalten, die dafür relevant sein können. Dazu zählen u.a.:

- ⇒ Stromverbrauch und Art der Stromgewinnung
- ⇒ Heizenergieverbrauch und Art der Heizenergiegewinnung
- ⇒ Treibstoffverbrauch (für Transporte, dienstliche Wege und Anfahrt der Beschäftigten)
- ⇒ Treibhausgas-Emissionen im Produktionsprozess
- ⇒ Treibhausgas-Emissionen durch Einkauf/Beschaffung (inkl. baulicher Maßnahmen)
- ⇒ kompensierte Treibhausgas-Emissionen
- ⇒ versiegelte Bodenfläche
- ⇒ Bodenfläche zur Kompensation

Ziel eines Unternehmens muss es dann sein, sich bei dieser Klimabilanz von Jahr zu Jahr zu verbessern – solange, bis Klimaneutralität erreicht ist. Oft wird dabei eine Relativierung (im Sinne von t CO_2-Äquivalent pro EUR Umsatz) vorgenommen, um zu zeigen, dass die »spezifischen Emissionen« zurückgehen, obwohl z.B. der Umsatz gesteigert wurde. Diese Darstellung kann jedoch irreführend sein, da das Ziel der Klimaneutralität unabhängig von Umsatz und anderen Größen darin besteht, möglichst wenig Treibhausgas-Emissionen und möglichst wenig Bodenverbrauch zu verursachen. Ob ein Unternehmen 0 t CO_2-Äquivalente insgesamt oder 0 t CO_2-Äquivalente pro 1.000 Euro Umsatz verursacht, ist egal; wenn es 100.000 t insgesamt sind und somit 100 t pro 1.000 Euro Umsatz, müssen trotzdem 100.000 t reduziert werden. Die 100 t vermitteln hier ein trügerisches Bild.

Noch wichtiger als solche Rechenübungen ist aber die Geschwindigkeit der Umsetzung: Wenn ein Staat bis zu einem bestimmten Jahr klimaneutral sein möchte, muss dies den dort ansässigen Unternehmen auch gelingen. Und nachdem die Kurve möglichst zeitnah nach unten gehen soll, bedeutet das, dass Unternehmen in der Verantwortung stehen, ihre Treibhausgas-Emissionen und ihren Bodenverbrauch *so rasch und so stark wie möglich* zu reduzieren – solange, bis sie Klimaneutralität erreicht haben.

Eine beliebte Begründung der Unternehmen, warum dies nicht so schnell machbar sei, ist die Nachfrage: Die Konsument:innen würden bestimmte Produkte wollen, also müsse man sie auch anbieten. Dieses Argument ist nicht komplett von der Hand zu weisen, sonst würden sich die Produkte nicht verkaufen. Allerdings bieten Unternehmen ihre Güter und Dienstleistungen keineswegs neutral an – im Gegenteil: Sie versuchen, die Konsument:innen durch gezieltes Marketing zum Kauf bestimmter Produkte zu bewegen. Ehrlicher wäre es somit, nicht-klimaneutrale Güter und Dienstleistungen gar nicht mehr zu bewerben – und stattdessen gezielt jene Produkte zu vermarkten, die klimaneutral hergestellt werden.

Unternehmen, die es mit dem Klimaschutz ernst meinen, können aber noch weiter gehen: Sie können die Gewinnspanne bei klimaneutralen Produkten reduzieren und dafür die Gewinnspanne bei nicht-klimaneutralen Produkten erhöhen. Dadurch werden erstere billiger und zweitere teurer, wodurch die Nachfrage nach klimaneutralen Produkten steigt. Die geringere Gewinnspanne wird in weiterer Folge durch die größere verkaufte Menge an klimaneutralen Produkten wettgemacht. Auf diese Art kann der Anteil der klimaneutralen Produkten am Gesamtumsatz sukzessive erhöht werden.

Neben der Produktion trägt auch der verursachte Verkehr viel zur Klimawirksamkeit von Unternehmen bei. Dabei geht es nicht nur um Gütertransporte, sondern auch um die Wege, die Mitarbeiter:innen, Kund:innen und andere Personen zurücklegen. Unterm Strich verursachen Unternehmen dadurch sogar einen Großteil des Verkehrs. Daraus resultieren nicht nur Treibhausgas-Emissionen, sondern auch ein hohes Maß an Bodenverbrauch. Die Bereitstellung und Instandhaltung von Parkflächen ist zudem ein Kostenfaktor für die Unternehmen selbst. Daher ist eine Minimierung des verursachten Kfz-Verkehrs nicht nur für den Klimaschutz enorm wichtig, sondern für die Unternehmen auch wirtschaftlich interessant. Die Einführung eines *betrieblichen Mobilitätsmanagements* wäre ein erster Schritt in diese Richtung.

Volkswirtschaftlich betrachtet ist mit der Klimaneutralität vor allem die *Kreislaufwirtschaft* kompatibel, in der die gekauften Produkte immer wieder repariert und am Ende der Nutzungsdauer neu aufbereitet werden. Dies stärkt die regionalen Wirtschaftskreisläufe, während die Abhängigkeit von Importen und Exporten sinkt. Gleichzeitig werden kleine, regionale Betriebe gefördert, die hochwertige, langlebige Produkte herstellen und/oder die Möglichkeiten für Reparaturen und zur Rückgabe des Produkts am Ende des Nutzungszyklus bieten. Daraus ergeben sich auch viele neue Geschäftsmodelle im Bereich des Re- bzw. Upcyclings.

Vonseiten der etablierten Unternehmen erfordern die Veränderungen ein gut durchdachtes, strategisches Vorgehen. Das ist aufwändig, aber Wegducken ist keine Alternative mehr. Am Ende wird Klimaneutralität die einzige Möglichkeit sein, um mittel- und langfristig existieren zu können. Unternehmen, die jetzt diesen Weg einschlagen, werden davon profitieren; andere, die weitermachen wie bisher, könnten auf der Strecke bleiben.

Schon jetzt müssen Unternehmen aufgrund der gesetzlichen Vorgaben (EU-Taxonomie, Lieferkettengesetze, Richtlinien für Nachhaltigkeitsberichterstattung) beispielsweise offenlegen, inwieweit ihre Tätigkeiten mit dem 1,5-Grad-Ziel kompatibel sind. Unternehmen, die darauf keine Antwort geben können, werden als Lieferant, Förderempfänger oder Kreditnehmer künftig nicht mehr infrage kommen und dadurch ihre Existenzgrundlage verlieren. Da die entsprechenden Gesetze erst nach und nach verbindlich werden, bleibt dennoch genug Zeit für all jene, die sich dem Thema ab sofort ernsthaft annehmen.

Dabei ist jedoch nicht nur die Unternehmensführung gefordert: Auch Betriebsräte und einzelne Mitarbeiter:innen können die Initiative ergreifen und die Erstellung einer Klimabilanz sowie konsequente Maßnahmen zur Reduktion von Treibhausgas-Emissionen und Bodenverbrauch einfordern. Damit tragen auch sie ihren Teil zu einer positiven Zukunft des Unternehmens bei.

5.2 Beitrag der Land- und Forstwirtschaft

Land- und forstwirtschaftliche Betriebe sind grundsätzlich ebenfalls Unternehmen. Aufgrund ihrer Ausrichtung spielen sie jedoch eine besonders wichtige Rolle im Klimaschutz: Landwirtschaftliche Aktivitäten sind weltweit für rund ein Viertel der Treibhausgas-Emissionen verantwortlich und beanspruchen mehr als ein Drittel der gesamten Landflächen. Besonders klimawirksam sind die Landnutzungsänderungen für Acker- und Weideflächen, die Viehzucht, mineralische Dünger und die Bodenbearbeitung.

Aus Klimaschutz-Sicht ist die Entwicklungsrichtung für landwirtschaftliche Betriebe somit klar – weg von der industriell geprägten Massenproduktion, hin zu einer ökologisch verträglichen und möglichst flächeneffizienten Nutzung der Böden. Das beinhaltet den Verzicht auf mineralische Dünger, vor allem aber eine Reduktion der Tierhaltung, die deutlich mehr Flächen beansprucht als der Anbau von Nahrungsmitteln. Insbesondere ist davon die Rinderzucht betroffen, da sowohl die Rinderhaltung als auch Herstellung, Transport und Kühlung von Fleisch und Milchprodukten große Mengen an Treibhausgasen verursachen. Letztlich sollten die vorhandenen fruchtbaren Böden für die Produktion von Nahrungsmitteln ohne mineralische Dünger eingesetzt werden – und Tiere nur in jenen Gebieten gehalten werden, die für die Produktion von Getreide, Gemüse und Obst nicht geeignet sind (z.B. Almen).

Parallel dazu sollte global betrachtet keine weitere Rodung von Urwaldflächen passieren, während es in Europa vor allem um die Humusbildung im Boden (*vgl. Kapitel 3.3*), die Wiederherstellung von naturnahen Wäldern und die Wiedervernässung von Mooren geht. Letztere wurden in den vergangenen 200 Jahren großflächig trockengelegt und stoßen seither große Mengen an Methan aus. Durch die Wiedervernässung wird dieser Methan-Ausstoß sofort gestoppt. Da Methan ein deutlich stärkeres Treibhausgas ist als CO_2, kann diese Maßnahme besonders rasch wirken.

Zusätzlich sind auch die Land- und Forstwirtschaft gefordert, ihren Bedarf an fossilen Brennstoffen auf null zu reduzieren. Biogas und Biotreibstoffe, die regional aus Reststoffen gewonnen werden, können Teil der Lösung sein. Im Wesentlichen geht es aber auch hier um eine Verkürzung der Transportwege im gesamten Produktionsprozess. Die Produkte sollten daher in erster Linie in der unmittelbaren Umgebung verkauft und auch Saatgut und ggf. Futtermittel aus regionalen Quellen bezogen werden.

All das spricht für eine kleinteilige und vielfältige Landwirtschaft, die vorrangig jene Menschen versorgt, die in der unmittelbaren Umgebung leben. In dieser Hinsicht sind ländliche Strukturen klar im Vorteil, weil dort auch die entsprechenden Flächen vorhanden sind. Aber auch im städtischen Raum gibt es vor allem für den Anbau von Gemüse große Potenziale, um die umliegend wohnenden Menschen zu versorgen. Gemeinschaftsgärten haben sich unter dem Titel *Urban Gardening* schon vielfach etabliert. Ein neuer Trend sind *Marktgärtnereien*, die auf kleinsten Flächen mit biologischen Methoden und in Handarbeit höchst produktiv Gemüse produzieren.

Unterm Strich ist es Aufgabe der landwirtschaftlichen Betriebe, so zu agieren, dass Versorgungssicherheit und Klimaneutralität Hand in Hand gehen. Im Zentrum sollten dabei immer die Versorgung der regionalen Bevölkerung mit pflanzlichen Lebensmitteln auf klimaverträgliche Art und Weise sowie die Erhaltung oder Wiederherstellung naturnaher Wälder, Moore und sonstiger ökologisch wertvoller Biotope stehen. Die Tierhaltung ist hintan gereiht, wobei die Schweine- und vor allem Rinderzucht den geringsten Stellenwert besitzen.

Für Landwirt:innen bedeutet das z.T. große Umstellungen – insbesondere dann, wenn sie derzeit noch konventionell arbeiten oder Tierhaltung betreiben. Gewisse Umstellungen sind aber gerade für kleine Betriebe ohnehin notwendig, können sie doch heute schon kaum mehr im internationalen Wettbewerb mithalten. Die Kombination aus Klimaschutz und regionalen Wirtschaftskreisläufen bietet ihnen neue Chancen – etwa die Herstellung von Lebensmitteln, die auch wieder in der Region verkauft werden (z.B. ab Hof, über Bauernmärkte, lokale Supermärkte oder die Gastronomie). Dadurch werden nicht nur die Transportwege kürzer, die Landwirt:innen erlangen auch mehr Selbstbestimmung zurück (z.B. hinsichtlich der Preisgestaltung). Da parallel dazu das Bewusstsein der Konsument:innen für den Wert qualitativ hochwertiger, regional hergestellter Produkte steigt, ergibt sich daraus eine Win-Win-Situation für alle Betroffenen.

Besonders gut funktioniert das Geschäftsmodell, wenn sich Landwirt:innen und Konsument:innen direkt miteinander verbinden: Im Modell *SoLaWi* (Solidarische Landwirtschaft) zahlen die Konsument:innen jedes Jahr einen bestimmten Betrag und werden dafür ganzjährig mit Produkten vom Bauernhof versorgt. Ähnlich funktioniert das Prinzip der *Gemüsekistln*, die die Menschen ebenfalls abonnieren und dann wöchentlich abholen oder zugestellt bekommen. Für Landwirt:innen ergeben sich dadurch gleich mehrere Vorteile: Einerseits können sie fix mit einem bestimmten Einkommen für das kommende Jahr planen; andererseits ist es auch kein Problem, wenn gewisse Gemüsearten in einem Jahr nicht so gut gedeihen – dann landet im Kistl einfach mehr von den anderen Arten.

5.3 Beitrag der Einzelpersonen

Neben Unternehmen und landwirtschaftlichen Betrieben haben auch Einzelpersonen durch ihre Tätigkeiten einen direkten Einfluss auf das Klima. Meist werden diese mit *Konsument:innen* gleichgesetzt. In dieser Rolle haben sie gerade in einer Marktwirtschaft einen gewissen Einfluss: Auch, wenn die nicht-klimaneutralen Produkte oft billiger sind und stärker beworben werden, gibt es Möglichkeiten, einigermaßen klimaverträglich einzukaufen. Sie können z.B. mehr pflanzliche Lebensmittel konsumieren, den Urlaub in der Nähe des

Wohnortes verbringen, unsere Geräte reparieren lassen und auf elektrische Heizstrahler verzichten. Unternehmen stehen in der Verpflichtung, dafür entsprechende Angebote zu machen (*vgl. Kapitel 5.1 und 5.2*). Die Konsument:innen haben jedoch eine Mitverantwortung, indem sie durch ihre (Nicht-)Kaufentscheidung ein Signal an das Unternehmen senden: »Ja, dieses Produkt will ich.« »Nein, dieses Produkt will ich nicht.«

Ähnlich wie die Klimabilanz für Unternehmen gibt es auch für Einzelpersonen die Möglichkeit, die eigene Klimawirksamkeit zu erfassen. Dazu werden im Internet verschiedene Tools zur Berechnung der eigenen CO_2-Bilanz bzw. des eigenen ökologischen Fußabdrucks angeboten. Im Kern beleuchten diese stets vier Themen:

⇒ *Wohnen* (Wohnfläche, Zustand des Gebäudes, Art der Heizung, Stromverbrauch etc.)

⇒ *Mobilität* (Verkehrsmittelwahl und Länge der Wege im Alltag sowie bei Urlaubsreisen)

⇒ *Ernährung* (Anteil tierischer Produkte, Anteil Fertigprodukte etc.)

⇒ *Konsum* (Anzahl der Einkäufe, Re-Use-Anteil, Dauer der Produktnutzung, Abfallmenge etc.)

Ähnlich wie bei Unternehmen empfiehlt es sich auch bei Einzelpersonen, einmal pro Jahr die eigene Klimawirkung zu überprüfen und zu überlegen: Wo kann ich mich im nächsten Jahr verbessern? Zwar ist es durch die sogenannten »grauen Emissionen« (= Emissionen, die durch die Mitnutzung der öffentlichen Infrastruktur wie Straßen, Schulen, Krankenhäuser etc. entstehen) als Einzelperson kaum möglich, die eigenen Treibhausgas-Emissionen bzw. den eigenen Flächenbedarf tatsächlich auf null zu reduzieren. Dennoch können ein bis zwei Tonnen CO_2-Äquivalent pro Kopf und Jahr als Richtgröße dienen: Würden alle Menschen maximal diese Menge an Treibhausgasen verursachen, könnte man ein weiteres Ansteigen der Treibhausgas-Konzentrationen in der Atmosphäre verhindern.

Als Einzelperson agiert man jedoch nicht nur als Konsument:in:

⇒ Jede:r von uns ist auch *Produzent:in* und mitverantwortlich, welche Güter und Dienstleistungen das Unternehmen, für das wir arbeiten, herstellt.

⇒ Jeder Mensch ist auch *Bürger:in* und hat daher politische Mitbestimmungsmöglichkeiten – von Wahlen über Volksbegehren bis hin zur eigenen Kandidatur für ein politisches Amt. Im Alltag bringen sich mündige Bürger:innen in politische Debatten ein und vertreten das, was ihnen wichtig ist. Damit schaffen sie die Basis für eine funktionierende Demokratie.

⇒ Vor allem aber ist jede:r von uns auch ein *soziales Wesen* und steht in permanentem Austausch mit seinem/seiner Partner:in, der Familie, Freund:innen, Bekannten, Kolleg:innen usw. Dadurch hat jede Handlung, die wir setzen (oder nicht setzen) einen Einfluss darauf, wie andere Menschen agieren: Wer z.B. aus Klimaschutz-Gründen nicht fliegt (und das auch so kommuniziert), wird feststellen, dass die Menschen im eigenen Umfeld ebenfalls beginnen, ihr Mobilitätsverhalten zu hinterfragen – um dann vielleicht stolz zu erzählen, dass sie zuletzt den Zug statt dem Flugzeug genommen oder den Wochenend-Trip nach London unterlassen haben.

Insofern wirken wir durch unsere Taten immer auch als *Vorbilder* – im positiven wie im negativen Sinne. Wenn wir uns selbst klimafreundlich verhalten, machen wir es anderen Menschen leichter, es uns gleich zu tun; tun wir es nicht, geben wir anderen Menschen mit einem nicht-klimafreundlichen Verhalten einen guten Grund dafür, sich ebenso wenig zu verändern – auch dann, wenn sie möglicherweise bereit dafür wären.

Deshalb gilt für Einzelpersonen: Egal, aus welcher Rolle heraus man gerade agiert – was man tut oder nicht tut, wirkt über das eigene Leben hinaus. Im systemischen Sinne ist alles miteinander vernetzt. Insofern kann eine einzelne Person auch sehr viel mehr bewegen als nur ihre eigene CO_2-Bilanz zu verbessern: Er/Sie kann je nach seinen Kontakten und Fähigkeiten an verschiedensten Stellen Einfluss auf jene Prozesse nehmen, die letztlich Treibhausgas-Emissionen und Bodenverbrauch verursachen. Die nachfolgenden Kapitel zeigen weitere Möglichkeiten dafür abseits der wirtschaftlichen Tätigkeiten auf.

5.4 Beitrag von Politik und Verwaltung

Aufgabe der Politik ist es, Lösungen für gesellschaftliche Probleme zu finden. Für den Klimaschutz als wohl größte Herausforderung des 21. Jahrhunderts trifft das ganz besonders zu. Das gesellschaftliche Problem der Überhitzung des Planeten wird nur dann zu lösen sein, wenn die Politik die entsprechenden Maßnahmen setzt.

Zunächst geht es dabei um die Definition konkreter *Klimaziele*. Standen um die Jahrtausendwende noch Einsparungsziele (z.B. »Emissionsreduktion um 20%«) im Mittelpunkt der politischen Bemühungen, geht es inzwischen vor allem um die Frage, bis wann welches Land klimaneutral sein wird. Dadurch wird das langfristige Ziel deutlich klarer – und es kann ein Pfad beschrieben werden, über welche Zwischenziele ein Land Klimaneutralität erreichen will.

Was jedoch fehlt, sind verbindliche Ziele: Im Pariser Klimaabkommen konnte sich die Staatengemeinschaft zwar auf das Ziel einigen, die globale Erwärmung auf maximal 1,5 Grad gegenüber dem vorindustriellen Niveau zu begrenzen; doch es wurden Ländern überlassen, Reduktionsziele zu definieren – mit dem Ergebnis, dass diese nicht ausreichen, um das 1,5-Grad-Ziel zu erreichen.

Noch schlechter steht es um Vereinbarungen zur Reduktion des Bodenverbrauchs. Bei den internationalen Klimakonferenzen ist dies meist nur ein Randthema. Doch um Klimaneutralität zu erreichen, wären klare Ziele in diesem Bereich ebenso wichtig wie bei den Emissionen.

Europa, Nordamerika, Australien und Japan stehen bei beiden Themen in einer besonders großen Verantwortung, sind sie doch historisch betrachtet für den Großteil der Treibhausgas-Emissionen und des Bodenverbrauchs verantwortlich. Ihr Ziel muss es daher sein, beide Größen nicht erst bis 2040, 2045 oder 2050, sondern *so rasch wie möglich gegen null* zu reduzieren – und das nicht nur in Hinblick auf die Klimawirkungen, die innerhalb der eigenen Landesgrenzen entstehen (»*produktionsbasiert*«), sondern auch auf jene, die durch die Produkte verursacht werden, die anderswo hergestellt, aber dann im eigenen Land konsumiert werden (»*konsumbasiert*«). Letztere sind in westlichen Ländern besonders hoch, wurden vielfach doch Treibhausgas-Emissionen und Bodenverbrauch gemeinsam mit der Industrie in Billiglohnländer ausgelagert.

China und vergleichbare Staaten, die aufgrund ihrer wirtschaftlichen Entwicklung inzwischen ebenfalls stark zum Klimawandel beitragen, sind gefordert, Treibhausgas-Emissionen und Bodenverbrauch ebenso zu senken – auch wenn der Trend dort noch in die gegensätzliche Richtung deutet. Für sie gilt es, neue Wege für ein klimaneutrales Wirtschaften zu finden (*vgl. Kapitel 5.1-5.2*) und nicht den energieintensiven Lebensstil des Westens zu kopieren.

In vielen Ländern des Globalen Südens sind Treibhausgas-Emissionen und Bodenverbrauch pro Kopf hingegen heute noch so gering, dass die Einhaltung der Klimaziele nicht das größte gesellschaftliche Problem ist, sondern z.B. die geringe Lebenserwartung oder die hohe Kindersterblichkeit. Die meisten Klimawirkungen entstehen in diesen Ländern auch nicht, weil die Menschen dort zu viel konsumieren – sondern, weil für westliche Länder Rohstoffe abgebaut, Futtermittel angebaut oder industrielle Produkte gefertigt werden. Gleichzeitig sind viele Länder des Globalen Südens hoch verschuldet, sodass sie von den Einnahmen aus den Exporten abhängig sind. Daher sind vor allem die westlichen Länder, aber auch Staaten wie China gefordert, ihre Handelsbeziehungen mit den Klimazielen in Einklang zu bringen und den Staaten ggf. auch Teile der Schulden zu erlassen.

Letztlich haben Klimaziele aber in allen Ländern vor allem einen Symbolwert. Viel wichtiger sind auch im politischen Kontext die konkreten Klimaschutz-Maßnahmen. Gerade bei Suffizienz- und Präventions-Maßnahmen (*vgl. Kapitel 3.4 und 3.5*) hat die Politik große Potenziale: So kann sie beispielsweise durch gesetzliche Vorgaben den Ausstieg aus fossilen Energieträgern bewirken; durch eine intelligente Raumordnung den Bodenverbrauch stoppen; oder durch geschickte Investitionen eine Infrastruktur schaffen, die ein klimaverträgliches Mobilitätsverhalten hervorruft.

Politische Maßnahmen haben zudem eine hohe symbolische Kraft, repräsentieren sie doch indirekt den Willen der Bevölkerung. Sie wirken langfristig (*vgl. Kapitel 4.3*) und ggf. auch über große Räume (*vgl. Kapitel 4.4)*. Wesentlich sind dafür eine breite Akzeptanz in der Bevölkerung (*vgl. Kapitel 4.6*) und, um nicht von Unternehmen gegeneinander ausgespielt zu werden, eine gute Abstimmung mit den Nachbarländern (z.B. durch ein gemeinsames Vorgehen innerhalb der Europäischen Union).

Dennoch können auch breit akzeptierte, gut abgestimmte Maßnahmen nicht immer gleich umgesetzt werden. Die Geschwindigkeit der Umsetzung richtet sich nach den finanziell verfügbaren Mitteln, aber auch nach den vorhandenen personellen Kapazitäten. Bund, Länder und Gemeinden mussten in den letzten Jahren erst entsprechende Einheiten in der Verwaltung aufbauen bzw. diese mit den nötigen Kompetenzen ausstatten. Dieser Prozess ist bei Weitem noch nicht abgeschlossen.

Gleichzeitig geht es nicht nur um Neues: Nach wie vor existieren viele gesetzliche Regelungen, die im Klimaschutz-Kontext kontraproduktiv sind. In Österreich wurde im Jahr 2024 beispielsweise die Straßenverkehrsordnung novelliert, um dem Fuß- und Radverkehr mehr Rechte im öffentlichen Raum zu geben. Andere, besonders klimaschädliche Subventionen bestehen hingegen weiterhin, wie z.B. die Befreiung des Kerosins (= Treibstoff für Flugzeuge) von der Mineralölsteuer.

Welche Maßnahmen umgesetzt werden und welche nicht, hängt nicht zuletzt davon ab, welche Parteien die Regierungskoalition bilden. Mittlerweile kommt keine Partei mehr am Thema Klimaschutz vorbei, aber die Zugänge sind sehr unterschiedlich: So betrachten einige Parteien Klimaschutz als höchste Priorität für alle politischen Entscheidungen; andere hingegen sehen darin maximal ein Subthema der Umweltpolitik oder zweifeln überhaupt – zumindest nach außen hin – an, ob der Mensch einen Einfluss auf die Klimaveränderungen hat. Je nachdem, welche Schnittmengen sich dann zwischen den regierenden Parteien ergeben, werden dann auch unterschiedliche bzw. unterschiedlich viele Maßnahmen unter dem Titel »Klimaschutz« aufgegriffen. Neben der Parteizugehörigkeit spielen dabei auch gewisse subjektive Faktoren eine wesentliche Rolle (*vgl. Kapitel 4.7*).

Doch selbst dann, wenn sich eine Regierungskoalition über eine bestimmte Maßnahme grundsätzlich einig ist und entsprechende finanzielle und personelle Ressourcen verfügbar wären, ist man noch nicht zwangsläufig bei der Umsetzung angelangt. Verschiedene Gruppen versuchen bis zur letzten Minute, Einfluss auf den Planungs- bzw. Umsetzungsprozess zu nehmen:

⇒ Interessensvertretungen der Wirtschaft (*vgl. Kapitel 5.5*) wollen sie häufig noch abwenden, verzögern oder zumindest abschwächen, weil sie ökonomische Nachteile befürchten.

⇒ Verbände und NGOs aus dem Klimaschutz-Bereich (*vgl. Kapitel 5.6*) fordern hingegen, dass sie rasch und vollständig umgesetzt werden.

⇒ Wissenschaftliche Institutionen (*vgl. Kapitel 5.7*) versuchen, relevante Erkenntnisse zu gewinnen, die die Umsetzung der Maßnahme unterstützen oder erschweren können.

⇒ Medien (*vgl. Kapitel 5.8*) suchen nach Schlagzeilen und Geschichten rund um die Maßnahme. Das kann für die Umsetzung hilfreich oder kontraproduktiv sein kann – je nachdem, wie darüber berichtet wird.

5.5 Beitrag der Interessensvertretungen

Interessensvertretungen sind in verschiedenen Ländern unterschiedlich aufgestellt. In Österreich spielen sie seit Ende des zweiten Weltkriegs als »Sozialpartner« eine wichtige Rolle in der politischen Entscheidungsfindung: Auf der einen Seite der Partnerschaft stehen dabei Wirtschaftskammer und Industriellenvereinigung als Vertretung der »Arbeitgeber:innen«, auf der anderen Seite Arbeiterkammer und Gewerkschaft als Vertretung der »Arbeitnehmer:innen«.

Bemerkenswert ist dabei, dass sie zwei Seiten derselben Medaille abdecken – denn beiden geht es in erster Linie um gut funktionierende Betriebe, die der Bevölkerung Arbeitsplätze und Wohlstand bringen. Umweltschutz war dabei schon historisch betrachtet meist nur ein Randthema: Wenn Umweltschutz-Maßnahmen in Verdacht gerieten, die Gewinne der Unternehmen zu schmälern oder Arbeitsplätze zu vernichten, traten die Sozialpartner gemeinsam dagegen auf. Beim Klimaschutz tut sich insbesondere die Wirtschaftskammer immer wieder negativ hervor, indem sie »zu ambitionierte« Klimaziele oder »standortgefährdende« Maßnahmen ablehnt – und gleichzeitig betont, wie wichtig beispielsweise der weitere Ausbau des Straßennetzes für die Unternehmen ist, obwohl dies nur der Fortführung des alten, nicht klima-verträglichen Wirtschaftens dient.

Mittlerweile treten viele Unternehmen deutlich progressiver auf als ihre Kammer. Sie erkennen, dass Klimaschutz nicht nur Herausforderungen, sondern auch Chancen für sie bringt (*vgl. Kapitel 5.1*). Die Interessensvertretungen sind daher gefordert, ihren Fokus auf die Vereinbarkeit ihrer Interessen mit den Klimazielen zu legen, anstatt gegen den Klimaschutz zu opponieren. Gerade Österreich könnte mit Unterstützung der Sozialpartner zu einem internationalen Vorreiter im Klimaschutz-Bereich avancieren – wovon Unternehmen und Menschen im Land auch ökonomisch profitieren würden.

Das betrifft auch weitere Interessensvertretungen abseits der Sozialpartner. So äußern sich Vertreter:innen aus Bauindustrie, Tourismus und anderen betroffenen Branchen häufig ebenso kritisch gegenüber Klimaschutz-Maßnahmen wie beispielsweise Autofahrer-Klubs oder Verbraucherschutz-Vereine. Dieser kritische Diskurs ist wichtig, um die Maßnahmen möglichst ausbalanciert zu gestalten und die unerwünschte ökonomischen und sozialen Nebenwirkungen auf ein Minimum zu reduzieren. Für die Politik gilt es jedoch, die richtige Balance zwischen der Berücksichtigung aller Interessen und einer nicht allzu geringen Geschwindigkeit in der Umsetzung zu finden. Denn klar ist: Eine Zustimmung aller Betroffenen wird es nur in den seltensten Fällen geben. Die Politik kann nur versuchen, durch eine kluge Kommunikation die Akzeptanz der Betroffenen so weit zu erhöhen, dass die Umsetzung letztlich auch von den Interessensvertretungen nicht mehr verhindert werden kann (*vgl. Kapitel 4.6*).

5.6 Beitrag der Verbände und NGOs

Gänzlich anders als die Interessensvertretungen argumentieren meist Verbände und Nichtregierungsorganisationen (NGOs), die sich in der Regel für mehr Klimaschutz und eine höhere Geschwindigkeit bei der Umsetzung der Maßnahmen stark machen. Sie schaffen damit Spielräume für die Politik, die einen Mittelweg zwischen den Forderungen der Wirtschaft auf der einen und jenen der Verbände und NGOs auf der anderen Seite beschreiten kann.

Für Verbände und NGOs gilt dabei: Sind die Forderungen oder das Auftreten zu radikal, werden die Organisationen nicht ernst genommen; sind sie zu »brav« oder unauffällig, werden sie nicht wahrgenommen. Die Kunst ist es also, durch Forderungen aufzufallen, die mehrheitsfähig sind, aber deutlich über das hinausgehen, was politisch ohnehin schon getan wird. Dadurch kann sich der öffentliche Diskurs verschieben – und Maßnahmen, die in der Öffentlichkeit zuvor als zu radikal wahrgenommen wurden, können plötzlich als politisch umsetzbar gelten.

Um die dafür nötige Arbeit verrichten zu können, brauchen die Organisationen entsprechende finanzielle und personelle Kapazitäten. Im Gegensatz zu den Interessensvertretungen, die sich aus zum Teil verpflichtenden Mitgliedsbeiträgen finanzieren, müssen sie die Mittel dafür aber selbst aufstellen. Dies gelingt teilweise durch ehrenamtliches Engagement, das aber zeitlich begrenzt ist.

Wollen Verbände und NGOs mehr Wirkung erzielen, kommen sie in verschiedene Dilemmata: Wenn sie sich von öffentlichen Geldern abhängig machen, wird es schwierig, sich gegen die Regierenden zu stellen; wenn sie von Unternehmen unterstützt werden, schließt das ein Agieren gegen deren Interessen aus; wenn sie sich von Mäzenen finanzieren lassen, wirkt es so, als hätten diese in Wirklichkeit das Sagen. Unabhängigkeit garantiert letzten Endes nur eine Finanzierung über eine große Anzahl an Mitgliedern und Spender:innen – was jahrelang Aufbauarbeit erfordert.

Letztlich ist diese Unabhängigkeit aber entscheidend dafür, dass die Verbände und NGOs nicht angreifbar sind und ihre Forderungen gehört werden. Dabei gilt: Je mehr Menschen eine Organisation oder eine Forderung unterstützen, desto höher ist ihre politische Relevanz. So können kleine, lokale Initiativen, die Hunderte oder sogar Tausende Menschen unterstützen, oft mehr bewirken als teure Kampagnen, die von vorneherein im Verdacht stehen, von irgendwem aus unlauteren Gründen bezahlt worden zu sein.

Besonders wirksam sind gut durchdachte Aktionen zum richtigen Zeitpunkt. Das wohl bekannteste Beispiel dafür ist Rosa PARKS, die sich 1955 in den USA als schwarze Frau weigerte, ihren Sitzplatz im Autobus für einen weißen Fahrgast zu räumen – und dafür festgenommen wurde. Das war damals nichts Ungewöhnliches, doch die Menschen waren durch die jahrelangen Bemühungen der Bürgerrechtsbewegungen bereits so weit sensibilisiert, dass diese Aktion das Fass zum Überlaufen brachte. Die Medien berichteten groß und es folgten Massenproteste, aufgrund derer die Rassentrennung in den USA dann Mitte der 1960er tatsächlich aufgehoben wurde.

Dieses Beispiel zeigt, dass vier verschiedene Gruppen für den Erfolg des zivilgesellschaftlichen Engagements zusammenwirken müssen (*vgl. Bill MOYER: Movement Action Plan*):

⇒ *Aktivist:innen,* die über konstante Öffentlichkeits- und Bildungsarbeit eine Veränderung des Grundkonsenses in der Gesellschaft anstreben

⇒ *Reformer:innen* in wichtigen Funktionen (z.B. Medien, Politik, sonstige Prominente), die die Anliegen der Aktivist:innen (mehr oder weniger offen) unterstützen

⇒ *Bürger:innen,* die Akzeptanz für die Anliegen der Aktivist:innen schaffen

⇒ *Rebell:innen,* die durch provokante Aktionen zum richtigen Zeitpunkt die volle öffentliche Aufmerksamkeit auf das Anliegen richten (wie z.B. Rosa PARKS)

Der Ablauf ist relativ einfach: Aktivist:innen machen auf ein Problem aufmerksam. Reformer:innen verbreiten es – und das Problembewusstsein der Bürger:innen steigt. Sobald eine kritische Masse an Bürger:innen erreicht ist, setzen Rebell:innen gezielte Aktionen – die die Anzahl der Unterstützer:innen weiter steigen lassen. Auf Basis dieser öffentlichen Unterstützung arbeiten nun Aktivist:innen und Reformer:innen daran, das Anliegen umzusetzen. Wenn nötig, setzen Rebell:innen weitere Maßnahmen, um den Prozess voranzubringen. Am Ende sitzen die Reformer:innen dann zum Teil selbst in den entscheidenden Positionen, was eine langfristige Lösung des Problems ermöglicht.

Wesentlich ist dabei, dass sich alle Gruppen ihrer Rollen bewusst sind und entsprechend agieren:

⇒ Aktivist:innen dürfen nicht nur einmalig auftreten, sondern müssen das Thema im Sinne eines permanenten, überkritischen Energieeintrags (*vgl. Kapitel 2.1*) dauerhaft bespielen. Dadurch werden Rückfälle verhindert und man signalisiert, dass die Entscheidungsträger:innen das Thema nicht einfach

»aussitzen« können. Regelmäßige Proteste, deren Teilnehmer:innen-Anzahl mit jedem Mal sinkt, sind in dieser Hinsicht ein schlechtes Zeichen. Besser ist z.B. das regelmäßige »Füttern« der Medien mit guten Geschichten sowie eine konstante, direkte Kommunikation mit den bereits bekannten Unterstützer:innen.

⇒ Reformer:innen müssen im Rahmen der Möglichkeiten agieren, die das jeweilige System für sie bereitstellt. Sie dürfen dabei jedoch nicht selbst als Aktivist:innen oder gar Rebell:innen auftreten. Dies würde ihre berufliche Glaubwürdigkeit untergraben – weil andere dann davon ausgehen, dass sie vorwiegend ideologisch handeln. Das betrifft Politiker:innen ebenso wie Wissenschafter:innen, Journalist:innen und Wirtschaftstreibende.

⇒ Bürger:innen sollten sich ihrer Verantwortung für eine funktionierende Gesellschaft bewusst sein. Sie müssen sich selbst ihre Meinung bilden und die Anliegen unterstützen, die sie für gut und richtig befinden – auch dann, wenn sie der Mehrheitsmeinung widersprechen (*vgl. Kapitel 5.3*).

⇒ Rebell:innen brauchen viel Fingerspitzengefühl, um zum richtigen Zeitpunkt Aktionen zu setzen, die von der Mehrheit der Bürger:innen unterstützt werden. Sie sollten in keiner offensichtlichen Verbindung zu den Aktivist:innen stehen und müssen bereit sein, auch unangenehme Situationen durchzustehen.

Verbände und NGOs bestehen aus Aktivist:innen und haben somit in Hinblick auf den gesellschaftlichen Grundkonsens bzgl. Klimaschutz schon viel Vorarbeit geleistet. Sie sind aber auch weiterhin die Speerspitze der Klimaschutz-Bewegung. Deswegen stehen sie in einer besonderen Verantwortung, den gesellschaftlichen Grundkonsens für mehr Klimaschutz im Zusammenspiel mit den anderen Gruppen kontinuierlich voranzutreiben.

5.7 Beitrag von Wissenschaft und Bildung

Die Wissenschaft hat ihren größten Beitrag bereits geleistet: Sie hat herausgefunden, wie das Klimasystem funktioniert und dass wir dabei sind, es so zu verändern, dass die Zukunft der Menschheit auf dem Spiel steht (*vgl. Kapitel 1.1-1.2*). Doch die unterschiedlichen Disziplinen können weiterhin wichtige Beiträge leisten:

⇒ Die Naturwissenschaften können das Klimasystem beobachten und daraus weitere Erkenntnisse über mögliche zukünftige Entwicklungen gewinnen. Dadurch können die derzeit noch bestehenden Unsicherheiten in den Modellen weiter reduziert und die Aussagen über die Einflüsse des Menschen sowie künftige klimatische Veränderungen präzisiert werden. Darüber hinaus bieten aber auch die Wechselwirkungen zwischen Klimaschutz und ökologischen Systemen viel Potenzial für weitere Forschungen (*vgl. Kapitel 4.1*).

⇒ Die technischen Disziplinen können an der (Weiter-)Entwicklung klimaverträglicher Technologien arbeiten. Um die verfügbaren Ressourcen möglichst effektiv einzusetzen, sollte der Fokus dabei auf jene Technologien gelegt werden, die jetzt schon in der jeweiligen Kategorie am besten abschneiden – und nicht auf solche, die möglicherweise in einigen Jahrzehnten ein Teil der Lösung sein könnten (*vgl. Kapitel 3.1 bzw. 3.2*).

⇒ Die Sozial- und Wirtschaftswissenschaften können sich mit den sozialen und ökonomischen Auswirkungen von Klimawandel und Klimaschutz beschäftigen (*vgl. Kapitel 4.2*). Sie können aber auch die Frage bearbeiten, wie die Transformation in eine klimaneutrale Gesellschaft bzw. ein klimaneutrales Wirtschaftssystem mit möglichst breiter Akzeptanz gelingt. Soziale Innovationen, die das alltägliche Leben der Menschen im positiven Sinne verändern, können dabei eine bedeutende Rolle spielen.

⇒ Die Rechtswissenschaften können sich auf die Frage fokussieren, wie die rechtlichen Normen und Gesetze an die Klimaschutz-Erfordernisse angepasst werden können. Das betrifft vor allem präventive Maßnahmen (*vgl. Kapitel 3.5*) und berührt – zumindest auf der politischen Ebene – auch das Thema der Klimaschutz-Governance (*vgl. Kapitel 6.3*).

⇒ Die Geisteswissenschaften, insbesondere die Philosophie, können die kulturelle Weiterentwicklung in Richtung einer klimaneutralen Gesellschaft durch öffentlichkeitswirksame Beiträge in Medien u.ä. aktiv befördern.

Da die meisten Fragestellungen das Wissen unterschiedlicher Disziplinen benötigen, ist gerade beim Thema Klimaschutz eine *interdisziplinäre* Zusammenarbeit gefragt. Aber auch das Praxiswissen, das durch Einbindung der Betroffenen in den Forschungsprozess integriert werden kann, kann für viele Forschungsprojekte zum Thema Klimaschutz hilfreich sein. Deswegen ist auch eine *transdisziplinäre* Herangehensweise gefragt.

Mindestens genauso wichtig ist die Vermittlung des Wissens: Dabei geht es nicht nur um die universitäre Lehre, bei der das Thema Klimaschutz an den Schnittstellen zu den verschiedenen Fächern berücksichtigt werden kann. Es geht auch um Schulen, deren Aufgabe es ist, das Thema Klimawandel altersgerecht zu vermitteln. Dabei besteht die Kunst darin, den Kindern einerseits klarzumachen, dass wir uns in einer kritischen ökologischen Situation befinden, ihnen aber gleichzeitig Zuversicht zu vermitteln, dass sie (und auch nachfolgende Generationen) dennoch ein gutes Leben führen werden können. Für die psychische Gesundheit der Kinder und Jugendlichen sind ein positives Bild der Zukunft und das Gefühl, dass sie einen sinnvollen Beitrag dazu leisten können, essenziell.

Neben Universitäten und Schulen spielt Klimaschutz auch in der Erwachsenenbildung eine Rolle: Dabei kommen noch viel stärker vorgefasste Meinungen und persönliche Haltungen ins Spiel. Viele

Menschen fühlen sich von Klimaschutz-Maßnahmen, die Verhaltensänderungen erfordern würden, angegriffen – weil eine Veränderung des eigenen Verhaltens gleichzeitig ein Eingeständnis wäre, dass man selbst jahrelang »falsch« gehandelt hat. Daher reagieren viele Menschen auch nicht mit Einsicht, sondern mit Widerstand, Verdrängung, klammern sich an wissenschaftlich nicht haltbare Argumente oder setzen – wenn es gar nicht mehr anders geht – symbolische Handlungen, um zumindest vorübergehend einen Teil ihrer Emissionen zu reduzieren. Gerade deshalb erscheint es sinnvoll, Klimaschutz im neutralen Rahmen einer Bildungsveranstaltung zu thematisieren. Damit kann ein Verständnis für die grundlegende Zusammenhänge zwischen Klimasystem und Gesellschaft aufgebaut werden. Auch wenn dies nicht zu unmittelbaren Verhaltensänderungen führt, kann durch dieses Verständnis zumindest die Akzeptanz bestimmter Klimaschutz-Maßnahmen steigen.

Zu berücksichtigen ist, dass der Grat zwischen Wissensvermittlung und moralischen Bewertung gerade beim Thema Klimaschutz sehr schmal ist. Aufgabe der/des Vortragenden ist es daher, Inhalte und eigene moralische Vorstellungen klar voneinander zu trennen und dies auch transparent zu machen. Nur so kann es gelingen, dass Menschen nicht gleich abschalten oder den Raum verlassen, weil sie das Gefühl haben, indoktriniert zu werden.

Insgesamt zeigen diese Betrachtungen, dass Wissenschaft und Bildung einen wertvollen Beitrag zum Klimaschutz leisten können, dabei aber vor allem im Hintergrund wirken. Im Idealfall bereiten sie den Boden für erfolgreiche Klimaschutz-Maßnahmen auf.

5.8 Beitrag der Medien

Während sich Wissenschaft und Bildung primär an Fakten orientieren, sind Medien vor allem an Geschichten interessiert, die Schlagzeilen bringen. Das führt oft zu einer Überhöhung der Probleme: Vor allem in den ersten Jahren, als das Thema Klimawandel aufkam, überschlugen sich die Medien mit Untergangsszenarien auf der einen und Verharmlosungen, die den Einfluss des Menschen auf das Klima negierten, auf der anderen Seite.

Mittlerweile haben viele Journalist:innen die Problematik des Klimawandels verstanden. Ähnlich wie in der Bildung (*vgl. Kapitel 5.7*) ergibt sich daraus aber das Problem der Moralisierung: So werden in den Medien Klimaschutz-Maßnahmen mittlerweile großteils positiv kommuniziert. Dadurch geraten die Medien in Teilen der Bevölkerung aber selbst in Verdacht, Teil einer größeren Verschwörung zu sein, die den Klimawandel nur als Argument nutzt, um im Hintergrund die Machtstrukturen im Interesse einzelner Gruppen zu verändern. Dadurch sinkt das Vertrauen in die »Mainstream-Medien« – und viele Menschen informieren sich aus »alternativen Quellen« im Internet. Werden diese Möglichkeiten genutzt, um sich eine eigene Meinung zu bilden, ist das demokratiepolitisch positiv zu betrachten. Suchen die Menschen jedoch nur nach einer Bestätigung für ihre bereits vorgefasste Meinung, bilden sich »Bubbles«, die die Polarisierung vorantreiben und dadurch die Fähigkeit der Gesellschaft zur Findung gemeinsamer Lösungen untergraben.

Daher ist es wesentlich, dass Medien auch beim Thema Klimaschutz möglichst neutral berichten – und den Menschen so die Chance geben, sich ihre eigene Meinung zu bilden. Allein über die Auswahl der Themen, über die berichtet oder nicht berichtet wird, haben die Medien großen Einfluss darauf, worüber die Öffentlichkeit überhaupt diskutiert. Sie sollen dabei aber nicht als Sprachrohr der Politik fungieren, sondern selbst entscheiden, worüber sie berichten – und in weiterer Folge ernsthaft dazu recherchieren.

In der Realität ist das jedoch nicht immer möglich: Bei vielen Medienkonzernen geht es vor allem darum, möglichst viele Artikel zu produzieren – um Klicks und daraus wiederum Einnahmen zu generieren. Dabei bleibt die Qualität oft auf der Strecke: Statt gut recherchierter Berichte findet man vermehrt Schlagzeilen, die nur darauf abzielen, dass man dem Link folgt – um dann festzustellen, dass sich z.B. der Titel »Am Wochenende kommt Schnee« nur auf Lagen über 1.000 Meter Seehöhe bezieht und damit für die meisten Menschen völlig irrelevant ist.

Ihr größtes Potenzial liegt also nicht in der direkten Verbreitung von Fakten, die aber ohnehin auch wenig zu Verhaltensänderungen beitragen (*vgl. Kapitel 4.7*). Medien können mit Geschichten zum Klimaschutz beitragen: Ein Beispiel dafür wäre das Portraitieren von Vorbildern – also bekannten oder »ganz normalen« Menschen, Unternehmen oder Gemeinden, die in gewissen Aspekten des Klimaschutzes besonders beispielgebend agieren. Dabei muss nicht einmal das Wort Klimaschutz vorkommen: Es geht einfach darum zu zeigen, dass man z.B. auch ohne Auto ein gutes Leben führen kann. Das bewirkt oft mehr als z.B. eine Darstellung, die zeigt, wie viel CO_2 ein Auto im Gegensatz zu öffentlichen Verkehrsmitteln verursacht.

5.9 Beitrag von Kunst und Kultur

In ähnlicher Weise können auch Kunst und Kultur zum Klimaschutz beitragen: Sie können das Thema höchst kreativ bearbeiten und dadurch Menschen auf anderen Ebenen erreichen als Wissenschaft, Bildung, Politik oder Medien.

Kunstwerke können Menschen aufregen oder zum Nachdenken bringen – wobei der Klimaschutz gar nicht im Vordergrund stehen muss, um gewisse Botschaften zu vermitteln. So kann eine Skulptur aus jenem Brot, das an einem Tag in einer Stadt weggeworfen wird, sehr deutlich machen, wie verschwenderisch wir mit unseren Ressourcen umgehen – und wie viel Anbauflächen und Energie umsonst eingesetzt wurden, um dieses Brot herzustellen.

Den größten Beitrag kann die *Kunst* wohl durch derartige Abstraktion leisten – indem sie Menschen den Spiegel vorhält, ohne dass diese deswegen gleich in den Widerstand gehen. Kunst kann zuerst interessieren – und erst dann, wenn der/die Betrachter:in das Kunstwerk wahrnimmt, eine Botschaft vermitteln. Dadurch kann z.B. ganz anders erlebbar werden, wie sich unser Umgang mit dem Klima auf die eigene Person und auf die zukünftigen Generationen auswirkt.

Die Botschaft, die sich hinter dem Kunstwerk verbirgt, kann gleichzeitig viel direkter sein als in einem gewöhnlichen Gespräch, in dem man versucht, das Gegenüber langsam an eine bestimmte Thematik heranzuführen. Sie kann eine Klarheit über Zusammenhänge schaffen, die im Dialog gar nicht erreichbare wäre, weil z.B. schon allein das Wort »Klimawandel« bei manchen Personen eine innere Ablehnung erzeugt. Das gilt für die bildende Kunst ebenso wie Musik, Literatur oder darstellende Kunst.

Künstler:innen können auch ihre Prominenz nutzen, um ihre Fans auf das Thema Klimaschutz aufmerksam zu machen. Dabei geht es nicht um Plattitüden, die z.B. Musiker:innen bei Konzerten ins Publikum rufen, sondern um glaubwürdiges Vorleben eines – zumindest in Teilen – klimaverträglichen Lebensstils. So kann der öffentlich gelebte Verzicht auf tierische Nahrungsmittel mehr Menschen zur Nachahmung inspirieren als der Link zu einer Studie, die zeigt, wie viel Treibhausgase Fleisch und Milchprodukte verursachen.

Kultur geht letztlich aber weit über Kunst hinaus: Sie basiert auf bestimmten Wertvorstellungen und erlernten Verhaltensweisen. Unsere oft zitierte »westliche Kultur« ist stark materialistisch geprägt: Die meisten Menschen streben nach Geld und materiellem Wohlstand. Ein großes Haus, ein schönes Auto, prestigeträchtige Urlaube – diese Sehnsüchte prägen unsere Gesellschaft. Daraus ergibt sich, dass die Menschen den Großteil ihrer Zeit damit verbringen, Geld zu verdienen, um sich all die Dinge leisten zu können, die sie vermeintlich glücklich machen.

Doch mit diesem Materialismus ist Klimaschutz nicht vereinbar: Je mehr Ressourcen und Energie man benötigt, desto schwieriger wird es, diese zu gewinnen, ohne Treibhausgase freizusetzen und zu viel Boden zu verbrauchen:

⇒ Ein Mehrparteienhaus mit mehreren Wohnungen benötigt pro m^2 Wohnfläche im Vergleich zum Einfamilienhaus deutlich weniger Grund, in der Errichtung weniger Ressourcen und lässt sich zudem deutlich leichter klimaneutral beheizen als ein.

⇒ Ein E-Bike benötigt im Vergleich zum E-Auto nicht nur weniger Material und Energie in der Herstellung, sondern auch für jeden gefahrenen Kilometer deutlich weniger Strom.

⇒ Qualitativ hochwertige Kleidung, die man mehrere Jahre tragen kann, benötigt im Vergleich zu Billigmode zwar nicht weniger Energie in der Herstellung; aber dadurch, dass man sie z.B. drei Jahre (statt nur ein Jahr) trägt, verursacht man unterm Strich nur ein Drittel der Treibhausgas-Emissionen oder des Bodenverbrauchs.

Das Problem ist: Solange Einfamilienhäuser, große Autos oder jedes Jahr die neueste Mode kulturell als erstrebenswert gelten, wird Klimaneutralität kaum erreichbar sein. Deshalb erfordert Klimaschutz auch einen *kulturellen Wandel* – d.h. weg vom Materialismus hin zu einer neuen Genügsamkeit. Die folgende Geschichte zeigt, was damit gemeint ist:

> Es war einmal ein Fischer, der lebte glücklich und zufrieden mit seiner Familie in einem kleinen Dorf am Meer. Jeden Tag fuhr er am Morgen aufs Meer hinaus, fing ein paar Fische und verkaufte sie zu Mittag am Markt. Nachmittags hatte er viel Zeit für Familie, Freunde, Hausarbeit und Hobbies. Zudem engagierte er sich ehrenamtlich im Dorf.
> Eines Nachmittags saß der Fischer am Hafen und blickte hinaus aufs Meer. Da kam ein Geschäftsmann auf ihn zu und fragte: »Was machst du hier?«. Der Fischer erzählte: »Ich habe heute schon Fisch gefangen und ihn verkauft. Jetzt sitze ich hier und genieße einfach die Nachmittagssonne.« Das machte den Geschäftsmann stutzig. Er fragte: »Warum fährst du nicht

noch einmal hinaus und fängst mehr Fische?«. Der Fischer überlegte kurz und fragte: »Warum soll ich das machen?« Der Geschäftsmann antwortete: »Dann kannst du auch mehr Fische verkaufen und mehr Geld verdienen.« Dem Fischer leuchtete das nicht ein. »Und wofür soll das gut sein?«, fragt er wieder. Der Geschäftsmann war leicht irritiert und erklärte: »Dann kannst du dir ein größeres Boot kaufen und noch mehr Geld verdienen.« Dem Fischer aber reichte das nicht. »Und dann?«, fragte er. Der Geschäftsmann strahlte übers ganze Gesicht, denn jetzt konnte er den Bogen schließen: »Dann kannst du mehrere Boote kaufen und dir ein eigenes Unternehmen aufbauen – und den Fisch nicht nur am Markt, sondern in den Supermärkten im ganzen Land verkaufen!« Doch auch diese Antwort war dem Fischer nicht genug. »Und was ist dann?«, wollte er abermals wissen. Der Geschäftsmann, etwas perplex ob der Nachfrage, erklärte gereizt: »Dann arbeiten andere für dich – und du kannst den ganzen Tag nur mehr das tun, was dich glücklich macht. Du kannst dann z.B. jeden Nachmittag einfach hiersitzen und aufs Meer hinausblicken.«

»Schön«, sagte der Fischer, »aber das mache ich jetzt schon.« Darauf fiel dem Geschäftsmann keine Antwort mehr ein.

Diese Geschichte zeigt, dass es zwei verschiedene Lebensmodelle gibt, die wir anstreben können:

⇒ Wir können – wie der Geschäftsmann – ressourcenintensiv leben, wodurch wir hohe Ausgaben haben, die ein hohes Einkommen bedingen, was wiederum viel Arbeit bedeutet – und womit einhergeht, dass man wenig Zeit für Partner:in, Freund:innen, Familie, Hausarbeit, Hobbies und ehrenamtliches bzw. politisches Engagement.

⇒ Wir können – wie der Fischer – ressourcenschonend leben, wodurch wir geringe Ausgaben haben, weniger Einkommen brauchen, mit weniger Arbeitszeit auskommen – und letztlich viel Zeit für Partner:in, Freund:innen, Familie, Hausarbeit, Hobbies und ehrenamtliches bzw. politisches Engagement haben.

Berücksichtigt man dann noch, dass laut Glücksforschung gelingende zwischenmenschliche Beziehungen der wichtigste Baustein für ein glückliches Leben sind, spricht alles für einen ressourcenschonenden Lebensstil – denn dieser uns gibt die Zeit, um uns um unsere Beziehungen zu kümmern. Das stärkt auch den gesellschaftlichen Zusammenhalt. Gleichzeitig wird weniger konsumiert und weniger Erwerbsarbeit geleistet – was sich positiv auf Treibhausgas-Emissionen und Bodenverbrauch auswirkt (*vgl. Kapitel 5.1*).

Klimaschutz und ein glückliches Leben sind somit sehr gut miteinander vereinbar. Je mehr Menschen dies erkennen und ihren Lebensstil entsprechend anpassen, desto schneller wird der kulturelle Wandel insgesamt vonstatten gehen.

5.10 Beitrag von Religion und Kirche

Unsere Kultur ist eng mit unserem *Glauben* verwoben. Das zeigt sich z.B. an den Gebäuden: Früher, als die Kirche die Gesellschaft dominierte, waren Kirchen die größten und am reichsten geschmückten Gebäude. Der wöchentliche Gottesdienst war Pflichtprogramm. Heute sind Fußballstadien und Einkaufszentren die größten Gebäude – und viele Menschen pilgern jede Woche dorthin. Das zeigt, wo die Menschen heute glauben, ihr Glück zu finden.

Im Unterschied zu früher glauben auch viele Menschen in den westlichen Ländern daran, dass nach dem Tod alles vorbei ist. Das steht im Gegensatz zu dem, was die verschiedenen Religionen predigen: Die einen glauben, dass die Seele dann in den Himmel auffährt; die anderen, dass man wiedergeboren wird. Einig sind sich die Religionen jedoch, dass unsere Seele unsterblich ist – und dennoch glauben das immer weniger Menschen.

Hier zeigt sich besonders gut der Zusammenhang mit dem materialistischen Denken: Wenn ich nur glaube, was ich sehe, muss ich davon ausgehen, dass mich auch nur bestimmte Gegenstände oder Orte glücklich machen können; und ich muss davon ausgehen, dass der Tod des Körpers auch das Ende ist – weil materiell ja dann nichts mehr da ist.

Das führt zur Schlussfolgerung, dass man in diesem einen Leben alles sehen und alles haben muss, was die Erde bereithält – und dass es über das eigene Leben hinaus keine Konsequenzen hat, wie man sich verhält. Würde man beispielsweise davon ausgehen, dass man wiedergeboren wird, würde man anders darüber denken: Einerseits hätte man durch sein eigenes Tun dann Einfluss darauf, in welchem Zustand man die Erde im nächsten Leben vorfindet; andererseits müsste man nicht im aktuellen Leben alles sehen und alles haben – sondern hätte mehrere Leben dafür Zeit. Dann erschiene es auch nicht mehr zielführend, einem Job nachzugehen, der einen stresst, um sich dann Dinge zu kaufen, die man nicht braucht, nur um letztlich Leute zu beeindrucken, die man nicht mag. Man würde eher einen Beruf wählen, der einen erfüllt, um seine Energie möglichst sinnvoll einzusetzen und gleichzeitig genug Zeit für gelingende Beziehungen zu haben.

Unklar ist, wie dies den Menschen vermittelt werden kann. Wie in der Geschichte des Fischers (*vgl. Kapitel 5.9*) gibt es überall Menschen und Unternehmen, die versuchen uns zu überzeugen, dass wir nur durch ein ressourcenintensives Leben glücklich werden können. Kirchen und Glaubensgemeinschaften könnten hier einen Gegenpol bilden, in dem sie dies infrage stellen und Menschen so zum Nachdenken bringen. Dabei geht es nicht nur um Fragen wie »Was macht dich glücklich?«, sondern eben auch um tieferliegende Themen wie den Tod, für die die Wissenschaft keine erfüllenden Antworten liefern kann.

In christlichen Kirchen wird das Thema Klimaschutz derzeit vor allem mit der »Schöpfungsverantwortung« verknüpft – also mit dem biblischen Auftrag an die Menschen, die »Schöpfung« Gottes zu achten und vor der Zerstörung zu bewahren. Das ist inhaltlich sinnvoll, ist aber eben nicht unmittelbar mit den spirituellen Bedürfnissen verknüpft, deren Befriedigung die Kernkompetenz der Kirchen darstellen sollte. Dadurch bleibt Klimaschutz häufig ein Randthema.

Kirchen und Glaubensgemeinschaften hingegen, die spirituelle Fragen mit den Problemen eines ressourcenintensiven Lebensstils verknüpfen, könnten hingegen wieder an Relevanz gewinnen. Sie können Räume oder Veranstaltungen anbieten, die die Menschen dazu bringen, in sich zu gehen und sich diese grundsätzlichen Fragen des Lebens zu stellen. Auf diese Art könnten auch sie stark zum Klimaschutz beitragen.

6 Klimaschutz erfolgreich umsetzen

Wie das *Kapitel 5* zeigt, können alle Gruppen einen Beitrag zum Klimaschutz leisten. Doch von der Theorie zur Praxis ist es zum Teil ein weiter Weg. Die Kategorisierung und die Bewertung von Klimaschutz-Maßnahmen (*vgl. Kapitel 3-4)* sind dabei wichtige Schritte. Aber wie sieht in der Praxis der Gesamtprozess aus? Wie kommt man überhaupt zu den Maßnahmen, die dann priorisiert und bewertet werden sollen? Und wie gelangt man letztendlich zur Umsetzung?

Wenn man als Einzelperson, Unternehmen oder Gebietskörperschaft beginnt, das Ziel der Klimaneutralität zu verfolgen, kann der gesamte Klimaschutz-Prozess einen positiven oder negativen *Spin* bekommen:

- ⇒ Ein positiver Spin bedeutet, dass die Maßnahmen von den Menschen zunächst zumindest akzeptiert werden, um sie dann im Laufe der Zeit auch aktiv zu unterstützen oder sogar eigenständig zusätzliche Maßnahmen zu entwickeln und umzusetzen.
- ⇒ Ein negativer Spin heißt, dass sich bei den Menschen während oder sogar schon vor der Umsetzung einzelner Maßnahmen Widerstand aufbaut und Klimaschutz im Laufe der Zeit insgesamt abgelehnt wird.

Deshalb ist es entscheidend, den Klimaschutz-Prozess von vorneherein intelligent zu gestalten und so einen positiven Spin zu erzeugen. Das gelingt jedoch nicht, wenn Klimaschutz als Bevormundung erlebt wird. Wesentlich ist, dass die Betroffenen von Anfang an in angemessener Art und Weise eingebunden werden.

Die nachfolgenden Kapitel zeigen auf, wie dies funktionieren kann – vom Start des Klimaschutz-Prozesses (*vgl. Kapitel 6.1*), der Entwicklung einer Vision (*vgl. Kapitel 6.2*), dem Aufbau einer Governance (*vgl. Kapitel 6.3*) und der Entwicklung einer Strategie (*vgl. Kapitel 6.4*) über die Planung (*vgl. Kapitel 6.5*), die Umsetzung (*vgl.*

Kapitel 6.6) und den Abschluss einzelner Maßnahmen (*vgl. Kapitel* 6.7) bis hin zur regelmäßigen Erstellung von Klimaschutz-Programmen (*vgl. Kapitel* 6.8) und der Erreichung der Klimaschutz-Vision (*vgl. Kapitel* 6.9).

Der Aufbau orientiert sich am *Dragon Dreaming*-Konzept, das John CROFT – basierend auf Systemtheorie, Organisationsentwicklung sowie Weisheiten der australischen Aborigines – entwickelt hat, um kreative, gemeinschaftliche und nachhaltige Projekte zu verwirklichen. Im Kern besteht es aus den vier Phasen Träumen, Planen, Umsetzen und Feiern (*vgl. Abbildung* 20). Es geht damit über den weit verbreiteten PDCA-Zyklus hinaus, der eine ähnliche Logik verfolgt (Plan – Do – Check – Act), aber aus der Qualitätssicherung kommt und daher vorrangig genutzt wird, um neue Produkte zu entwickeln und am Markt zu etablieren. Klimaschutz-Maßnahmen können aber auch eine Weiterentwicklung des Geschäftsmodells oder weitreichende, politische Beschlussfassungen. »Plan – Do – Check – Act« ist dann nur Teil des größeren Gesamtprozesses im Bereich von Planen und Umsetzen.

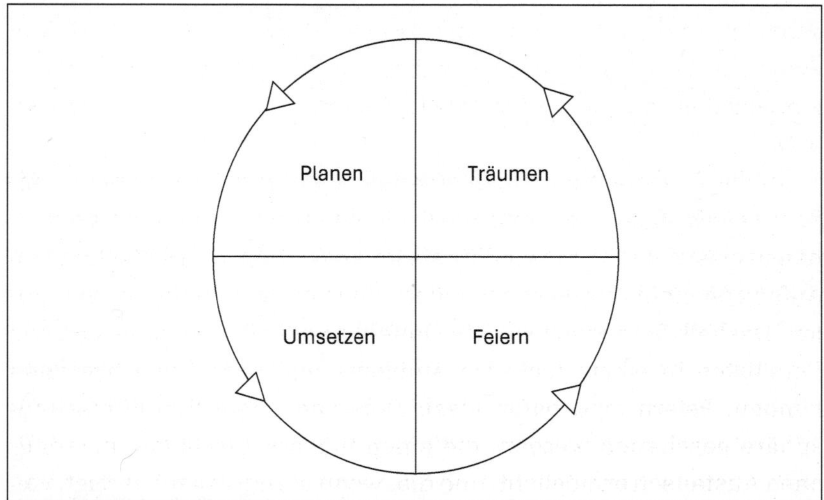

Abbildung 20: Dragon Dreaming

6.1 Klimaschutz-Prozess starten

Klimaschutz kann nur dann erfolgreich umgesetzt werden, wenn sich die oberste Führungsebene klar dazu bekennt. Daher ist zuallererst ein solches »Commitment« herzustellen. Das bedeutet jedoch nicht nur, entsprechende Beschlüsse im höchsten Entscheidungsgremium zu fassen, sondern auch, erste wahrnehmbare Schritte zu setzen.

Doch schon bei diesen ersten Schritten, die für einen positiven Spin entscheidend sind, kommt es oft zu Missverständnissen: Gerade in westlichen Ländern glauben wir oft, es ginge darum, möglichst schnell einen Plan zu entwickeln, um dann möglichst rasch möglichst viele Maßnahmen zu setzen. Träumen und Feiern werden als unwichtig erachtet – schließlich ist daraus kein unmittelbarer Nutzen für den Klimaschutz zu erkennen.

Tatsächlich aber beruhen alle klimawirksamen Prozesse auf individuellen oder kollektiven Entscheidungen von Menschen. Das bedeutet, dass es grundsätzlich möglich ist, die Klimawirksamkeit der Prozesse zu verändern – ganz einfach, indem man sich anders entscheidet, und die Prozesse beendet, verbessert oder durch andere Prozesse ersetzt. Diese Entscheidungsfindung wird jedoch von vielen sozialen, oft auch subjektiven Faktoren geprägt *(siehe Kapitel 4.7)*.

In der Dragon-Dreaming-Methode beginnt der Prozess daher mit dem *Feiern*. Das erscheint unlogisch, entspricht aber der Herangehensweise vieler Kulturen: Für sie ist es wichtig, die Menschen von Anfang an nicht nur geistig, sondern auch emotional ins Boot zu holen. Deshalb versuchen sie, ein Umfeld zu schaffen, in dem sich alle Beteiligten in einem lockeren Ambiente auf Augenhöhe begegnen können. Feiern sind dafür ideal: Dort kann eine Wohlfühl-Atmosphäre geschaffen werden, die einen niederschwelligen, persönlichen Austausch ermöglicht, und die, wenn sie gut organisiert ist, von vorneherein positive Emotionen in den meisten Menschen weckt.

Diese Dynamik kann für den Start des Klimaschutz-Prozesses genutzt werden: Bei einer Klimaschutz-Feier können sich die Menschen einfach und unverbindlich an das Thema herantasten und erleben, dass Klimaschutz nicht immer Verzicht und Anstrengung, sondern auch Fülle und Freude bedeuten kann. Eine Feier, die positiv erlebt wird, führt dazu, dass sich die Menschen für das Neue öffnen – und eine Bereitschaft entwickeln, dieses zu akzeptieren und vielleicht sogar zu unterstützen.

Aber wie kann eine gute Feier zum Start des Klimaschutz-Prozesses konkret aussehen?

1. In erster Linie soll sie – wie jede andere Feier auch – den Gästen gefallen, für die sie veranstaltet wird: Wenn es ausreichend und gut zu essen und zu trinken gibt und es den Gästen weder zu heiß noch zu kalt ist, ist eine gute Basis gelegt. Ein optisch ansprechendes Ambiente und eine angenehme Akustik sind ebenfalls hilfreich.
2. Die Feier sollte authentisch sein – das heißt, der Rahmen muss zum Thema passen, aber gleichzeitig auch zur Person oder Organisation, die sie ausrichtet. Dabei ist vieles erlaubt, aber es gibt auch einige No-Gos, die mit dem Ziel Klimaneutralität absolut nicht vereinbar sind – wie z.B. Einweggeschirr, ein Buffet mit überwiegend tierischen Produkten, eine überbordende Einweg-Dekoration, eine durchgehend laufende Klimaanlage oder ein Veranstaltungsort, der nur mit dem Auto (oder gar mit dem Flugzeug) erreichbar ist.
3. Eine Feier ist keine inhaltliche Veranstaltung: Fachvorträge sind hier ebenso unpassend wie interaktive Workshops. Klimaschutz sollte einfach gefeiert werden. Der Großteil der Zeit sollte für informellen Austausch zur Verfügung stehen.
4. Um das Thema dennoch gut zu platzieren, bieten sich Festreden an, in denen Klimaschutz angesprochen wird – aber nicht auf der rationalen, sondern auf der emotionalen Ebene. Die Reden sollten nicht belehren oder Angst machen, sondern Ge-

schichten erzählen, was das Unternehmen oder die Gemeinde bisher schon für den Klimaschutz getan hat. Ein besonderer Höhepunkt kann es sein, Personen zu würdigen, die sich um den Klimaschutz verdient gemacht haben. Abschließend kann man ankündigen, dass man den Prozess hinkünftig vertiefen möchte – und alle Anwesenden dazu einladen, ihren Beitrag im Sinne des Allgemeinwohls zu leisten. Konkrete Ankündigungen von Maßnahmen sind hingegen weniger zielführend, würde dies doch genau die Idee der gemeinsamen Erarbeitung konterkarieren und schon allein dadurch zu Widerständen führen.

5. Der informelle Teil der Feier kann genutzt werden, um mit den Anwesenden offen und ehrlich über Sorgen, Erwartungen und Wünsche an den Klimaschutz-Prozess zu reden. Daraus ergibt sich ein Gesamtbild, das zeigt, welche Maßnahmen wahrscheinlich einfacher umzusetzen sein werden und bei welchen man mit mehr Widerstand rechnen muss.

Gewisse Aspekte sind schon bei der Ausschreibung und Programmgestaltung zu berücksichtigen:

⇒ Wie ist die Stimmung gegenüber dem Thema innerhalb des Unternehmens bzw. der Gemeinde? Da meist eine erhebliche Anzahl an Betroffenen schon allein dem Wort »Klimaschutz« skeptisch bis ablehnend gegenübersteht, wird eine Einladung zu einer »Klimaschutz-Feier« nicht alle erreichen. Zielführender wäre es dann eine Feier mit einem attraktiveren Titel – oder überhaupt ein normales Firmen- oder Dorffest, das dem Thema Klimaschutz gewidmet wird. Dann muss das Wort »Klimaschutz« in der Ausschreibung gar nicht vorkommen.

⇒ Alle Betroffenen (z.B. Mitarbeiter:innen, Gemeinde-Bürger:innen, sonstige Stakeholder) sollten zur Feier eingeladen werden. Dadurch entsteht von Anfang an das Gefühl, dass man ernst genommen und berücksichtigt wird.

⇒ Besonders wichtig ist dabei, dass möglichst viele jener Personen eine Einladung erhalten, die die Meinungsbildung innerhalb der Gemeinde oder des Unternehmens beeinflussen. Das können diejenigen sein, die hohe Ämter bekleiden, aber auch jene, die unabhängig davon ein hohes Ansehen genießen. Um ihr Kommen sicherzustellen, kann man sie in die Organisation der Feier oder in die Festreden einbinden.

Insgesamt sollte die Feier möglichst professionell organisiert werden. Gefragt sind dabei weniger Klimaschutz-Expert:innen, sondern Menschen, die – intern oder extern – die nötigen kommunikativen Fähigkeiten mitbringen. Fachliche Expertise ist nur am Rande gefragt, z.B. bei der Gestaltung authentischer Rahmenbedingungen oder bei der Entwicklung des Programms.

Am Ende sollte es gelingen, dass die wichtigsten Personen anwesend sind und bei den Festgästen eine positive Grundstimmung gegenüber dem Klimaschutz-Thema entsteht. Sollten wichtige Meinungsbildner:innen nicht anwesend sein oder sich auffallend skeptisch äußern, können im Anschluss an die Feier weitere Gespräche geführt werden, um eine möglichst breite Akzeptanz für den weiteren Klimaschutz-Prozess herzustellen. Das erscheint aufwändig, ist aber letztlich wesentlich für die Frage, wie schnell das Ziel der Klimaneutralität erreicht wird.

Wichtig: Egal, ob die Gespräche im informellen Teil einer Feier oder außerhalb davon stattfinden – primär muss es darum gehen, dass die Person danach bereit ist, den Klimaschutz-Prozess und die damit einhergehenden Maßnahmen zu akzeptieren. Es geht dabei nicht darum, ihn oder sie von der Notwendigkeit des Klimaschutzes zu überzeugen. Viel wichtiger ist es, dass er oder sie die damit verbundenen Sorgen, Erwartungen und Wünsche äußern kann – und danach klar vermittelt bekommt, dass diese im weiteren Prozess berücksichtigt werden (was dann auch passieren muss). Wenn das Gegenüber mit einem guten Gefühl aus dem Gespräch geht, ist zumindest die Gesprächsbasis für den weiteren Prozess hergestellt. Damit ist der Grundstein für die weitere Kommunikation gelegt.

6.2 Klimaschutz-Vision kreieren

Mit Feiern und Gesprächen ist eine gute Ausgangsbasis geschaffen. Nun gilt es, den nächsten Schritt zu setzen. Doch es wäre noch zu früh, einen Klimaschutzplan mit konkreten Ziele und Maßnahmen zu erstellen. Zuerst ist zu klären, wie das Unternehmen oder die Gebietskörperschaft überhaupt klimaneutral funktionieren kann. Deshalb geht es zunächst ums *Träumen*: Dadurch soll einerseits ein klimaneutraler Alltag für die Menschen vorstellbar werden, andererseits aber auch klar werden, wie breit Klimaschutz gedacht werden kann und muss.

Im Zentrum steht dabei die Entwicklung einer Vision – also eines Zukunftsbildes – eines klimaneutralen Lebens, eines klimaneutralen Unternehmens, einer klimaneutralen Gemeinde etc. Dadurch wird gleich von Anfang an erkennbar, worauf der Klimaschutz-Prozess letztlich hinausläuft. Bei der Entwicklung dieser Vision sind einige Kriterien zu beachten:

1. Die Vision soll ein positives, erstrebenswertes, attraktives Bild einer klimaneutralen Zukunft darstellen.
2. In der Vision geht es nicht um die technischen Details, sondern darum, wie der Alltag der betroffenen Menschen in Zukunft aussehen könnte. Dieser lässt sich z.B. anhand dessen beschreiben, was fiktive Personen in ihrem zukünftigen Alltag sehen, hören, fühlen, riechen und schmecken; wie sie wohnen und arbeiten, wie sie einkaufen, sich bilden, ihre Freizeit gestalten und sich fortbewegen; und wie einzelne Unternehmen, Gemeinden etc. in einer klimaneutralen Gesellschaft agieren werden. All das lässt sich gut über Geschichten und Bilder darstellen.

3. In der Vision sollten nur Prozesse beschrieben werden, die aus heutiger Sicht auch tatsächlich klimaneutral zu bewältigen sein werden. Dementsprechend sollten sie auf den derzeit verfügbaren, marktreifen Technologien aufbauen – und nicht auf Innovationen, von denen man hofft, dass sie im Laufe der Zeit Marktreife erlangen werden.
4. Die Vision muss ökologisch nachhaltig sein – d.h. nichts beinhalten, was die Natur vor Ort oder anderswo auf der Welt überlastet. So ist z.B. eine klimaneutrale Welt, in der der Großteil der Wege mit Autos zurückgelegt wird, im Sinne der ökologischen Nachhaltigkeit nicht vorstellbar.
5. Die Vision muss sozial nachhaltig sein – d.h. die Menschen müssen auch zukünftig in der Lage sein, ihre alltäglichen Bedürfnisse in vergleichbarer oder sogar besserer Form zu befriedigen. Dabei sind auch gesellschaftlich benachteiligte Gruppen und Menschen in anderen Ländern zu berücksichtigen – auch sie sollen künftig ein menschenwürdiges Leben führen können.
6. Die Vision muss mit anderen bzw. übergeordneten Zielen kompatibel sein: Wenn es innerhalb einer Organisation oder auf übergeordneter Ebene (z.B. Staat) bereits beschlossene Ziele gibt, muss die Vision mit diesen kompatibel sein. Das betrifft jedoch nicht nur das Zieljahr für die Klimaneutralität, sondern auch Ziele aus anderen Bereichen (z.B. Wachstum der Umsätze oder des Bruttoinlandsprodukts).

Nur dann, wenn diese sechs Kriterien erfüllt sind, kann die Vision jene Kraft entfalten, die notwendig ist, um den gesamten Klimaschutz-Prozess bis hin zur Klimaneutralität zu ziehen. Eine Vision, von den Betroffenen von vorneherein als nicht realisierbar wahrgenommen wird, ist hingegen weitgehend nutzlos.

Inhaltlich ist bei der Erarbeitung der Vision zunächst zu eruieren, wo die Grenzen liegen sollen. Grundsätzlich sind dabei alle Prozesse, die im eigenen Wirkungsbereich liegen und Treibhausgas-Emissionen oder Bodenverbrauch verursachen, zu berücksichtigen

⇒ Unternehmen (und sonstige Organisationen) haben nicht nur die internen Prozesse einzubeziehen (»Scope 1«), sondern auch die externe Energiegewinnung (»Scope 2«) und alle anderen klimawirksamen Aktivitäten entlang ihrer Wertschöpfungskette (»Scope 3«; *vgl. Greenhouse Gas Protocol*).

⇒ Dasselbe gilt für Einzelpersonen: Auch sie sind nicht nur für die Klimawirkungen verantwortlich, die sie unmittelbar verursachen (z.B. durch ihre Ölheizung), sondern auch für jene, die die von ihnen benötigte Energie, die von ihnen konsumierten Produkte oder die von ihnen verursachten Abfälle bewirken.

⇒ Für Gebietskörperschaften ist die Grenze ident mit der Gemeinde-, Landes- oder Staatsgrenze. Inkludiert sind somit alle Einzelpersonen und alle Unternehmen (und sonstigen Organisationen), die innerhalb dieser Grenzen leben bzw. tätig sind. Dabei wird zwischen einer *produktionsbasierten* (= Treibhausgas-Emissionen und Bodenverbrauch, die innerhalb der Grenzen entstehen) und einer *konsumbasierten* Berechnung unterschieden (= Treibhausgas-Emissionen und Bodenverbrauch, die der Konsum innerhalb der Grenzen verursacht; *vgl. Kapitel 5.4*).

Daraus ergibt sich, dass die Erarbeitung der Vision einige Zeit in Anspruch nehmen kann. Daher empfiehlt es sich, dies auf mehrere Workshops aufzuteilen, die jeweils auf ein bestimmtes Thema fokussieren und mit Betroffenen, aber auch mit externen Expert:innen besetzt werden können. Für Gemeinden bieten sich dabei folgende Workshop-Themen an:

⇒ Gebäude & Wohnen (inkl. Strom- und Wärmebedarf)

⇒ Verkehr & Mobilität (Personen-, Güter- und Datenverkehr)

⇒ Produktion & Konsum (inkl. Abfall- und Abwasseraufbereitung, ausgenommen Lebensmittel)

- ⇒ Ernährung & Landwirtschaft (Lebensmittelproduktion, -verteilung, -konsum, -abfälle)

Unternehmen können die Visions-Workshops wie folgt gliedern:

- ⇒ Produktion (von Gütern und Dienstleistungen, unterteilt nach Geschäftsfeldern)
- ⇒ Strom (Bedarf und Gewinnung)
- ⇒ Wärme (Bedarf und Gewinnung)
- ⇒ Verkehr (Transporte, Dienstreisen, Anfahrt von Mitarbeiter:innen und Kund:innen)
- ⇒ Einkauf (Produkte und Dienstleistungen)
- ⇒ Abfall (inkl. Abwässer)

Bei diesen Workshops geht es zunächst vor allem um ein *Brainstorming* – d.h. es sollen möglichst viele Ideen für die Vision gesammelt werden. Im weiteren Verlauf können diese dann in ein realistisches Bild zusammengeführt werden, ohne zu sehr in technische Details zu gehen. So kann z.B. in einem Visions-Workshop zum Thema »Strom« geklärt werden, wie hoch der Strombedarf in Zukunft sein und woher dieser Strom kommen soll. Besteht die Vision darin, diesen in der eigenen Gemeinde oder gar am eigenen Firmengelände zu erzeugen, sollte dies auch technisch möglich sein (z.B. durch Photovoltaik auf den Dachflächen). Gibt es diesbezüglich Unsicherheiten, kann die Vision zunächst auch allgemeiner formuliert werden (z.B. »durch Eigenproduktion aus Photovoltaik und/oder Bezug von klimaneutralem Strom aus externen Quellen«).

Abschließend sind die Ergebnisse aller Visions-Workshops zusammenzuführen und – wiederum unter Einbindung der betroffenen Stakeholder – in ein in sich konsistentes Gesamtbild zu bringen. Im Idealfall werden dabei Synergieeffekte sichtbar, die die Erreichung der Klimaneutralität rascher ermöglichen als es nach den einzelnen Workshops zu erwarten gewesen wäre (z.B., weil der Strombedarf durch Veränderungen in der Produktion um 50% sinkt und der gesamte Strom somit auch am Firmengelände gewonnen werden kann). Andererseits können sich aber auch Widersprüche zeigen, die den Prozess letztlich verlangsamen könnten (z.B., weil die Veränderungen in der Produktion einen erhöhten Güterverkehr bewirken würden, der nicht klimaneutral abzuwickeln ist). In diesen Fällen gilt es, die entsprechenden Teile der Vision noch besser aufeinander abzustimmen.

Die technische Expertise, die dafür möglicherweise benötigt wird, kann zugekauft werden. Deutlich schwieriger ist vor allem in größeren Unternehmen oder Gemeinden die Frage zu beantworten, wer intern in welchem Ausmaß eingebunden werden soll. Dafür gibt es unterschiedliche Herangehensweisen:

A. Man lädt die wichtigsten internen Stakeholder ein – also z.B. die Führungskräfte des Unternehmens oder die Meinungsbildner:innen innerhalb von Gemeinden. Ein Vorteil ist, dass eine Vision, die in diesem Kreise entsteht, gute Chancen auf eine Umsetzung hat. Nachteilig ist hingegen, dass die wichtigsten Stakeholder in der Regel oft wenig Zeit haben und nicht wirklich offen sind für die Entwicklung einer gemeinsamen Vision – vor allem dann, wenn sie dadurch Probleme in ihrem eigenen Tätigkeitsfeld befürchten.

B. Man schreibt offen aus – wer kommen will, soll kommen. Ein Vorteil davon ist, dass man jene Personen erreicht, die besonders stark dafür oder besonders stark dagegen sind. Das kann wertvoll sein – sich aber auch als Nachteil entpuppen, weil Gegner:innen oft viel stärker angezogen werden als Befürworter:innen und sich daraus ein Bild ergibt, das nicht repräsentativ für die Allgemeinheit ist.

C. Man lost aus, wer eingeladen wird und wer nicht (*vgl. »Klimaräte« in Kapitel 4.6*). Ein Vorteil davon ist, dass man die Gruppe repräsentativ zusammensetzen kann – z.B. nach Alter oder Geschlecht. Dadurch ist gewährleistet, dass viele verschiedene Meinungen gehört werden. Nachteile sind, dass der Prozess aufwändig zu organisieren ist und dass die Umsetzung

> schwierig wird, weil die von einer nicht legitimierten Kleingruppe erarbeitete Vision nicht automatisch anerkannt wird. Letzterem kann man jedoch entgegensteuern, indem das zuständige Entscheidungsgremium von vorneherein klarstellt, dass sie die Vision im erarbeiteten Wortlaut beschließen wird – und dies dann auch tatsächlich tut.

Eine weitere Möglichkeit besteht darin, die verschiedenen Varianten zu kombinieren – also z.B. eine Vision mit einer ausgelosten Gruppe (C) zu entwickeln, um danach Feedback in einer öffentlichen Veranstaltung (B) und von wichtigsten Stakeholdern (A) einzuholen und die Vision am Ende unter Berücksichtigung dieses Feedbacks mit der ausgelosten Gruppe (C) fertigzustellen.

Eine Gruppe, die gerade in diesem Schritt verstärkt eingebunden werden sollte, sind junge Menschen – in Unternehmen z.B. jüngere Mitarbeiter:innen, in Gemeinden Kinder und Jugendliche. Sie werden vom Klimawandel, aber auch von allen Klimaschutz-Maßnahmen deutlich stärker betroffen sein als jene Menschen, die sich bereits im zweiten oder dritten Drittel ihres Lebens befinden. Daher wäre es nahliegend, dass sie bei der Entwicklung der Vision tendenziell stärker repräsentiert sind.

Zusätzlich sind bei der Erarbeitung der Vision Rückmeldungen aus den Gesprächen der ersten Phase (*vgl. Kapitel 6.1*) zu berücksichtigen: Sie können Ideen enthalten, die in den Visions-Workshops den Horizont erweitern, aber auch Informationen darüber, welche Teile der Vision auf Zustimmung bzw. Widerstand stoßen könnten. Dabei gilt: Eine in sich konsistente Vision, die bei Einzelnen vielleicht Widerstand auslöst, ist besser als eine Vision, die zwar keine Widerstände auslöst, die aber interne Widersprüche beinhaltet und somit von vielen als nicht realisierbar wahrgenommen wird.

All das zeigt, dass in der Phase des Träumens – ähnlich wie beim Feiern – Menschen gefragt sind, die hohe kommunikative Kompetenzen mitbringen. Ihre Aufgabe ist es, die Entwicklung der Vision zu gestalten und die fachliche Expertise gezielt bei jenen Fragestellungen einzuholen, die für die Qualität der Vision maßgeblich sind.

Letztendlich sollte die Vision gut verständlich sein, als realisierbar gelten und insbesondere von den einflussreichen Stakeholdern mitgetragen werden. Dann kann sie das höchste Organ (z.B. Parlament, Generalversammlung) beschließen – und so zum gemeinsamen Zukunftsbild des gesamten Unternehmens oder der gesamten Gemeinde erklären. Dadurch wird sie verbindlich. Dies erleichtert alle weiteren Schritte, da man immer wieder auf die beschlossene Vision Bezug nehmen kann.

6.3 Klimaschutz-Governance aufbauen

Mit dem Beschluss der Vision ist die Phase des Träumens beendet – und die Phase des konkreten *Planens* beginnt. Dabei geht es zunächst noch nicht um Inhalte. Vielmehr sind auf organisatorischer Ebene gewisse Vorkehrungen zu treffen, die eine Realisierung der Vision ermöglichen. Die dafür nötigen internen Strukturen und Prozesse werden als *Governance* bezeichnet.

Ein wesentlicher Teil dieser Governance ist die Organisationsstruktur – also die Frage, wie der Klimaschutz im Organigramm verankert wird. Dabei sind folgende Aufgaben zu verteilen:

⇒ Eine Person sollte intern die Letztverantwortung für die Erreichung der Klimaschutz-Ziele tragen. Diese Person sollte Teil des höchsten Entscheidungsgremiums sein, also z.B. des Vorstands oder der Geschäftsführung. Einige Unternehmen nennen diese Position »Chief Sustainability Officer« (CSO).

⇒ Eine Person sollte für die Koordination aller Klimaschutz-Aktivitäten innerhalb des Unternehmens zuständig sein. Da Klimaschutz sämtliche Abteilungen betrifft, sollte sie übergeordnet angesiedelt werden (z.B. als Stabstelle, ggf. in Kombination mit einer Gesamtverantwortung für das Thema Nachhaltigkeit).

⇒ Mehrere Personen sollten die operative Umsetzung von Klimaschutz-Maßnahmen übernehmen. In der Regel sind dafür Menschen aus den verschiedenen Abteilungen bzw. Stabstellen geeignet, die die einzelnen Maßnahmen dann im Rahmen ihrer Tätigkeiten umsetzen.

⇒ Der/Die Klimaschutz-Koordinator:in und die zuständigen Personen aus den Abteilungen können gemeinsam ein Klimaschutz-Team bilden, das den Klimaschutz-Prozess intern vorantreibt und selbst auch gewisse Entscheidungen trifft.

Die dahinterliegenden Abläufe sollten in entsprechenden Dokumenten (z.B. der Geschäftsordnung) definiert werden. Dadurch wird die nötige Konstanz im Sinne eines permanenten, überkritischen Energieeintrages gewährleistet. Wesentlich ist, dass in den Dokumenten festgelegt wird, wie Klimaschutz im Sinne einer vollständigen Integration des Themas vor allem bei größeren Entscheidungen (z.B. Veränderungen des Geschäftsmodells, neuer Firmenstandort) berücksichtigt wird (*vgl. Kapitel 2.4*).

6.4 Klimaschutz-Strategie entwickeln

Erste Aufgabe des Klimaschutz-Teams zur Realisierung der Vision ist dann die Erarbeitung einer Klimaschutz-Strategie. Aufbauend auf der Vision geht es zunächst um die Definition der Ziele, d.h.

1. Festlegung des *Zieljahres*, in dem Klimaneutralität erreicht werden soll
2. Beschreibung der *Zwischenziele* auf dem Pfad dorthin

Dafür ist es erforderlich, zunächst ein *Basisjahr* festzulegen, für das die verursachten Treibhausgas-Emissionen und der verursachte Bodenverbrauch zu ermitteln sind. Die für das Basisjahr ermittelten Werte (in t CO_2-Äquivalent bzw. m^2 Bodenfläche) stellen die 100% dar – sind also die *Ausgangswerte* für den weiteren Pfad.

Zur Berechnung dieser Ausgangswerte gibt es unterschiedliche Tools – von kostenlosen Online-Rechnern für Einzelpersonen (*z.B. www.mein-fussabdruck.at*) bis hin zu kostenpflichtigen Tools für Unternehmen und Gebietskörperschaften. Besonders aufwändig ist die Berechnung im produzierenden Bereich sowie bei Bund, Ländern und größeren Gemeinden. In der Regel ist dafür eine externe Unterstützung nötig.

Aufbauend auf den Ausgangswerten können dann *Zwischenziele* definiert werden. Um dafür realistische Zahlen zu bekommen, ist vertiefende interne Analyse nötig: Welche Prozesse verursachen wie viel Treibhausgas-Emissionen bzw. Bodenverbrauch? Welche davon lassen sich umgestalten oder ganz beenden? Welche neuen, klimaverträglichen Prozesse könnten integriert werden? Und wie lange würde all das dauern?

Grundlegende Antworten auf diese Fragen gehen bereits aus den Visions-Workshops hervor (*vgl. Kapitel 6.2*). Doch erst die genauere Betrachtung der Zusammenhänge macht klar, was eigentlich zu tun ist, um die Vision zu erreichen. Je mehr dabei das Geschäftsmodell insgesamt bzw. die allgemeinen politischen Zielsetzungen infrage gestellt werden, desto mehr sind auch die relevanten Stakeholder zu konsultieren. Dadurch kann nicht nur die Gefahr von Widerständen verringert werden; es besteht auch die Chance, neue Impulse aufzunehmen, die die Stakeholder aus ihrer alltäglichen Praxis heraus einbringen können (*vgl. Kapitel 4.6*).

Neben dieser internen Analyse ist auch der Gesamtkontext zu berücksichtigen: Westliche Länder – und somit auch die Unternehmen, Gemeinden und Einzelpersonen in diesen Ländern – stehen beim Klimaschutz besonders in der Pflicht (*vgl. Kapitel 1.4*). Dort sollte die Kurve bei Treibhausgas-Emissionen und zusätzlichem Bodenverbrauch zunächst möglichst rasch nach unten und dann asymptotisch gegen Null gehen. Spätestens 2040/2045/2050 (je nach politischer Zielsetzung) wollen die europäischen Staaten Klimaneutralität erreicht haben (*vgl. Kapitel 5.4*). Für Einzelpersonen, Unternehmen und Gemeinden bedeutet das, dass auch sie spätestens in diesem Jahr Klimaneutralität erreicht haben müssen.

Aus dem Abgleich zwischen dieser Außenperspektive (Was ist nötig?) und der internen Analyse (Was ist möglich?) lassen sich dann Zwischenziele definieren, aus denen sich in weiterer ein *Reduktionspfad* ergibt (*vgl. Abbildung 21*).

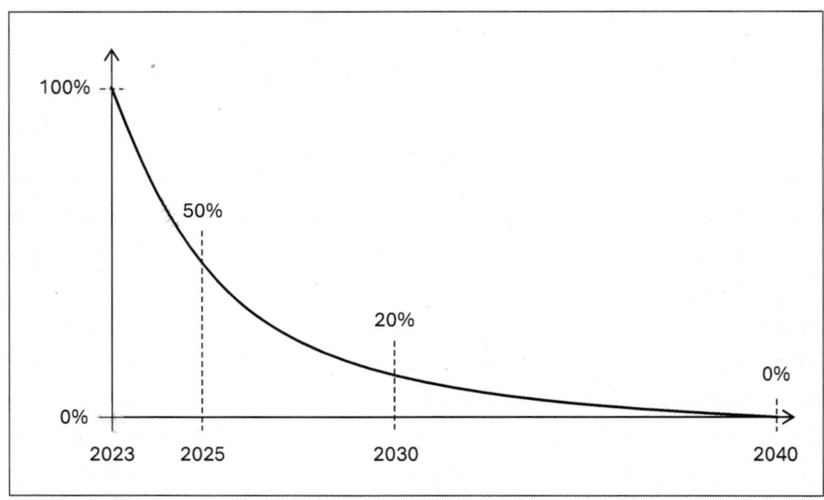

Abbildung 21: Beispiel für einen Reduktionspfad mit Zwischenzielen

Im Zuge dessen ist auch zu klären, wie man feststellen kann, ob man sich am Reduktionspfad befindet oder nicht. Es genügt z.B. nicht, sich jahrelang mit dem Zwischenziel für 2030 zu begnügen – um dann 2031 festzustellen, dass man es verfehlt hat. Andererseits kann die jährliche Erhebung der Zahlen, die dem entgegenwirken würde, gerade im produzierenden Bereich oder für Gebietskörperschaften sehr aufwändig sein.

Deshalb gilt es, neben den »Impact-Indikatoren« Treibhausgas-Emissionen und Bodenverbrauch auch »Outcome-Indikatoren« zu definieren. Das sind Kennzahlen, die für die Berechnung der Impact-Indikatoren maßgeblich sind, aber im Gegensatz zu diesen laufend erhoben werden können. Diese sind im Einzelfall gezielt zu definieren. Mögliche Outcome-Indikatoren wären z.B.:

- ⇒ Strombedarf und Anteil des Stroms aus erneuerbaren Quellen
- ⇒ Heizwärmebedarf und Anteil der Heizwärme aus erneuerbaren Quellen
- ⇒ zurückgelegte Kilometer mit Kraftfahrzeugen oder Flugzeugen
- ⇒ Anteil pflanzlicher, biologischer, regionaler bzw. unverarbeiteter Lebensmittel
- ⇒ Anteil der eingekauften Produkte, die als »klimaneutral« zertifiziert waren

Wichtig ist dabei, diese Outcome-Indikatoren nicht mit Output- (z.B. Anzahl der installierten LED-Lampen) oder Input-Indikatoren (z.B. Anzahl der gekauften LED-Lampen) zu vermischen: Input- und Output-Indikatoren dienen lediglich der Bewertung einzelner Maßnahmen (z.B. der Umstellung auf LED-Beleuchtung), sind aber nur Vorläufer für die Outcome-Indikatoren (in diesem Falle dem Stromverbrauch). Outcome-Indikatoren stehen hingegen auf einer Ebene: Sie ergänzen sich gegenseitig und bilden so die Basis zur Berechnung der Impact-Indikatoren. Dementsprechend können viele verschiedene Maßnahmen dazu beitragen, sie zu verbessern.

Für Outcome-Indikatoren lässt sich ein *Monitoring*-System aufbauen: Der Strom- und Heizenergiebedarf kann z.B. anhand von Zählern abgelesen werden; die zurückgelegten Kilometer lassen sich mithilfe von Fahrtenbüchern oder – bei Firmen – auch über die verrechneten Dienstreisen rekonstruieren; und um den Anteil klimaverträglicher Lebensmittel bzw. Produkte zu erheben, kann man die Buchhaltung beauftragen, die jeweiligen Posten entsprechend zu kennzeichnen. Dies lässt sich gut mit den Zwischenzielen kombinieren: Wenn man z.B. bis 2030 die vom Stromverbrauch verursachte Menge an Treibhausgas-Emissionen um 70% reduzieren möchte, kann man auch festlegen, wie sich bis dahin der Strombedarf und der Anteil der erneuerbaren Energien im Strommix verändern sollen.

Durch dieses Monitoring kann man nicht nur erkennen, ob sich die Organisation auf dem Reduktionspfad befindet, sondern auch, ob eine Maßnahme wie gewünscht wirkt oder nicht – und kann bei Bedarf nachbessern. Dabei fällt es auch auf, falls die Outcome-Indikatoren selbst unpassend oder unvollständig sind: In diesem Fall können sie weiterentwickelt oder ergänzt werden. Dies ermöglicht eine dynamische und aktive Steuerung des Klimaschutz-Prozesses – in Unternehmen und Gemeinden, aber auch im Privaten.

Um die richtigen Outcome-Indikatoren zu finden, ist es üblich, die klimaschutzrelevanten Prozesse im Unternehmen in *Handlungsfelder* zu teilen (ähnlich wie bei den Visions-Workshops, *vgl. Kapitel 6.2*). So könnte beispielsweise das Handlungsfeld »Strom« die Indikatoren Strombedarf, Anteil des Stroms aus erneuerbaren Quellen und Anteil des selbst produzierten Stroms beinhalten.

Für diese Handlungsfelder sollte angegeben werden, wie hoch ihr Anteil am gesamten Impact (Treibhausgas-Emissionen, Bodenverbrauch) ist. Aber auch innerhalb der Handlungsfelder sollte eruiert werden, welcher Outcome-Indikator wie viel zur Klimawirksamkeit beiträgt. Durch diese *Wesentlichkeitsanalysen* wird es möglich, die Handlungsfelder bzw. Outcome-Indikatoren je nach ihrem Einfluss auf das Gesamtergebnis zu priorisieren.

Abgerundet wird dieser Prozess schließlich dadurch, dass die Handlungsfelder und Outcome-Indikatoren mit den (Zwischen-)Zielen verknüpft werden. Eine Reduktion der Treibhausgas-Emissionen um 50% bis 2030 könnte beispielsweise bedeuten, dass der Strom bis dahin zu 100% aus erneuerbaren Energien bezogen werden müsste – weil sich im selben Zeitraum in der Produktion nur 25% der Emissionen reduzieren lassen. Dies aber würde erfordern, dass das Unternehmen seinen Strombedarf um 20% reduzieren müsste – weil sonst nicht 100% Strom aus erneuerbaren Energien bezogen werden könnten. Daraus ergeben sich auch auf Ebene der Outcome-Indikatoren klare Zielsetzungen für die jeweiligen Handlungsbereiche, was Steuerung und Monitoring deutlich erleichtert.

Letztendlich ist die Klimaschutz-Strategie mit Vision, übergeordneten Zielen (Klimaneutralität bis ..., Zwischenziele) sowie den einzelnen Handlungsfeldern (mit Outcome-Indikatoren und Ziele für diese) abermals vom höchsten Organ zu beschließen. Damit ist der Rahmen geschaffen, um mit der Planung einzelner Klimaschutz-Maßnahmen zu beginnen.

6.5 Klimaschutz-Maßnahmen planen

Zur Planung einzelner Maßnahmen benötigt das Klimaschutz-Team zunächst eine Übersicht über alle Maßnahmen – unabhängig davon, ob sie erst als Idee existieren oder bereits fertig umgesetzt sind. Dafür empfiehlt sich die Erstellung einer *Maßnamen-Tabelle* – entweder mit einem Projektmanagement-Tool oder einfach mit Excel. Wie in *Kapitel 2.3* beschrieben, bestehen die einzelnen Maßnahmen zunächst aus einem Titel, einer Beschreibung des Ablaufs sowie Abschätzungen der erwarteten Klimaschutz-Wirkung, der finanziellen Wirkung, der ökologischen und sozialen Wirkungen, der Wechselwirkungen mit anderen Maßnahmen sowie der Akzeptanz der Maßnahme. In der Tabelle entspricht das jeweils einer Spalte.

Ziel dieser Übersicht ist es jedoch nicht, möglichst viele Maßnahmen detailliert zu planen. Vielmehr soll sie dabei helfen, gleich zu Beginn zu entscheiden, welche Maßnahmen detaillierter geplant werden sollen – und welche nicht bzw. noch nicht. Dadurch wird gewährleistet, dass die Maßnahmen auch in einer effektiven Reihenfolge umgesetzt werden können.

Insofern genügt es, die Maßnahmen-Tabelle zunächst mit Ideen für Maßnahmen zu befüllen. Diese bestehen aus einem Titel, einer kurzen Beschreibung des Ablaufs sowie einer oberflächlichen Abschätzung der wichtigsten Wirkungen und der Akzeptanz der Betroffenen. Dies kann zunächst rein qualitativ, also textlich erfolgen. Einzig die Klimaschutz-Wirkung sollte – zumindest größenordnungsmäßig – quantifizierbar sein. Um den Aufwand gering zu halten, kann dabei statt der Impact-Indikatoren auf die definierten Outcome-Indikatoren Bezug genommen werden (z.B. »Reduktion des Stromverbrauchs um 10%«; *vgl. Kapitel 6.4*).

Letztlich sollte die Maßnahmen-Tabelle möglichst viele Ideen enthalten. Diese können aus verschiedenen Quellen stammen:

⇒ Eine wichtige Quelle ist die beschlossene Vision (*vgl. Kapitel 6.2*). Sie ermöglicht es, nicht von der Gegenwart aus zu denken, sondern von der Zukunft aus auf die gegenwärtigen Herausforderungen zu blicken. Durch diese Methode (»Backcasting«) entstehen andere Ideen, die zum Teil einfacher umsetzbar oder effektiver sind als jene, die aus der Gegenwart heraus betrachtet als zielführend erscheinen.

⇒ Dennoch kann ein Abgleich mit den Ausgangswerten (*vgl. Kapitel 6.4*) weitere Ideen mit sich bringen, lässt sich bei diesen doch rein mathematisch besser nachvollziehen, wo Treibhausgas-Emissionen und Bodenverbrauch entstehen – und wo somit auch Handlungsbedarf besteht.

⇒ Häufig sind auch schon konkrete Ideen aus den einleitenden Gesprächen (*vgl. Kapitel 6.1*) oder den Visions-Workshops (*vgl. Kapitel 6.2*) vorhanden.

⇒ Auch aus der Weiterentwicklung von Governance (*vgl. Kapitel 6.3*) oder Strategie (*vgl. Kapitel 6.4*) können Ideen entstehen.

⇒ Werden weitere Maßnahmen-Ideen intern oder von außen an das Klimaschutz-Team herangetragen oder entstehen diese innerhalb des Teams, sind diese ebenfalls in die Tabelle einzutragen. Es geht dabei *nicht* darum, sie schon vorab zu beurteilen – sondern darum, einfach einmal zu sammeln. Manch eine Idee, die jetzt nicht umsetzbar erscheint, kann sich in einigen Jahren als realisierbar erweisen.

Alle eingehenden Ideen sollten auf mögliche Interessenskonflikte hin geprüft werden. So wäre es wenig überraschend, wenn einzelne Mitarbeiter:innen oder externe Stakeholder Ideen einbringen, die ihnen auch auf eine andere Art und Weise nutzen, weil sie ihnen z.B. mehr Geld oder ein besseres Image verschaffen. In der Maßnahmen-Tabelle kann dies in einer Spalte »Anmerkungen« vermerkt werden und sollte, sofern es die Maßnahme in die engere Auswahl schafft, entsprechend berücksichtigt werden, um z.B. Chancen und Risiken besser abschätzen zu können.

Ganz besonders trifft dies auf Ideen zu, die direkt aus höheren Ebenen an das Klimaschutz-Team herangetragen werden: Da ein Machtgefälle existiert, entsteht für das Klimaschutz-Team ein Druck, diese Ideen besonders hoch zu priorisieren – auch dann, wenn die Klimaschutz-Wirkung im Verhältnis zum Aufwand gering ist. Um dem vorzubeugen, kann das höchste Organ beschließen, dass von höheren Ebenen keine oder nur anonymisierte Ideen für Maßnahmen eingebracht werden dürfen.

Im nächsten Schritt sind alle Ideen nach den ihnen zugrundeliegenden Prozessen zu ordnen. Dafür ist in der Tabelle eine eigene Spalte »Prozess« vorzusehen. Im Sektor Mobilität könnten das z.B. Dienstreisen, Transporte oder Arbeitswege sein, im Sektor Raumwärme Heizenergie, Abwärme oder Gebäudedämmung.

Will man Ideen nicht nur sammeln, sondern tatsächlich gleich möglichst alle notwendigen Maßnahmen auflisten, kann man auch andersherum vorgehen und zuerst eine detaillierte Analyse aller internen Prozesse auf ihre Klimawirksamkeit vornehmen. Dafür kann die »Methodik zur Wahl der effektivsten Maßnahmen-Kategorie« aus *Kapitel 3.6* herangezogen werden. Die daraus resultierenden Ideen ergänzen sich im Idealfall mit jenen, die auf andere Arten gesammelt wurden.

Letztendlich sollten alle Maßnahmen-Ideen einer oder mehreren der Kategorien Prävention, Suffizienz, Substitution, Effizienz und Kompensation zugeordnet werden (*vgl. Kapitel 3*). In der Tabelle sind dafür fünf entsprechende Spalten vorzusehen. Daraus lassen sich verschiedene Erkenntnisse ableiten:

1. Anhand der Kategorie lässt sich überprüfen, ob die Maßnahme für diesen Prozess überhaupt zielführend ist. Dazu wird der zugrundeliegende Prozess (z.B. Dienstreisen) nach der Methodik aus *Kapitel 3.6* analysiert. Dabei zeigt sich: Setzt man beispielsweise eine Effizienz-Maßnahme (z.B. Umstellung des Fuhrparks auf Elektroautos), ohne vorab Suffizienz- (z.B. Reduktion der Dienstreisen) und Substitutions-Maßnahmen (z.B. Verlagerung auf öffentliche Verkehrsmittel) zu ergreifen, führt das nicht nur zu höheren Treibhausgas-Emissionen, sondern hat möglicherweise auch andere negative Konsequenzen (z.B. Mehrkosten durch den Kauf von Fahrzeugen, die man mit entsprechenden Suffizienz- und Substitutions-Maßnahmen gar nicht bräuchte).
2. Die Kategorie zeigt an, in welcher Reihenfolge die Maßnahmen für einen bestimmten Prozess abgearbeitet werden sollten. Dies ist wesentlich für die nachfolgende Priorisierung.
3. Es fällt auf, wenn gewisse Kategorien unterrepräsentiert sind. Insbesondere die Vollständigkeit effektiver Präventions- und Suffizienz-Maßnahmen sollte vom Klimaschutz-Team hinterfragt werden.

Auf Basis dieser Kategorisierung erfolgt vonseiten des Klimaschutz-Teams dann eine erste Priorisierung. Diese entscheidet darüber, welche der Ideen detaillierter geplant werden – und welche nicht bzw. noch nicht. In Summe sollten dabei mindestens so viele Ideen ausgewählt werden, wie für die Erreichung der anstehenden Zwischenziele in den einzelnen Handlungsfelder als notwendig erscheinen. Will man also z.B. den Strombedarf um 40% reduzieren, wird ein Umstieg auf LED-Leuchten nicht ausreichen. In diesem Fall muss man weitere Maßnahmen auswählen, die ebenfalls Einfluss auf den Strombedarf haben.

Alle hoch priorisierten Maßnahmen kommen dann in die Detailplanung, die anderen bleiben in der Ideenphase. Dies sollte in der

Excel-Tabelle in einer weiteren Spalte vermerkt werden, in der die jeweils aktuelle Phase eingetragen wird (»Idee« bzw. »in Planung«).

Die Detailplanung selbst beginnt damit, festzulegen, wer für welche Maßnahmen die Verantwortung übernimmt. Dies wird in einer weiteren Spalte in der Maßnahmen-Tabelle notiert (»Verantwortliche:r«). Der/Die Verantwortliche hat u.a. folgende Aufgaben:

1. Er/Sie konsultiert alle betroffenen Stakeholder (einzeln oder gemeinsam) und bindet sie anschließend in adäquater Form in die Ausarbeitung der Maßnahme ein.
2. Er/Sie verfasst eine exaktere Beschreibung des Ablaufs der Maßnahme: Dabei definiert er/sie vor allem den Prozess der Umsetzung – also wer zu welchem Zeitpunkt welche Tätigkeiten vornehmen soll.
3. Auf Basis dieser Beschreibung trifft er/sie eine möglichst genaue Einschätzung der Klimaschutz-Wirkung, der finanziellen Wirkung, der ökologischen und sozialen Wirkungen, der Wechselwirkungen mit anderen Maßnahmen sowie der Akzeptanz der Maßnahme, jeweils unter Berücksichtigung der relevanten zeitlichen und räumlichen Dimensionen (*vgl. Kapitel 4*). Diese Einschätzung sollte nach Möglichkeit auch quantitativ erfolgen. Insbesondere die erwarteten Auswirkungen auf die definierten Outcome-Indikatoren sind unter »Klimaschutz-Wirkung« zu benennen.

Bei weitreichenderen Maßnahmen kann zudem eine Analyse der Chancen und Risiken hilfreich sein, für die ebenfalls Spalten in der Tabelle angelegt werden können:

⇒ Die Chancen sind für die positive Bewertung durch die Entscheidungsgremien und später auch durch die Öffentlichkeit von Bedeutung (z.B. zusätzliche Einnahmen). Dies sollte bei der Definition der einzelnen Schritte berücksichtigt werden.

⇒ Die Abschätzung der Risiken beugt unliebsamen Überraschungen vor, die im Zuge der Umsetzung, unter Umständen aber auch schon bei der Bewertung durch die Entscheidungsgremien relevant werden könnten (z.B. Rückgang der Einnahmen). Im Falle erhöhter Risiken sollten in der Beschreibung des Ablaufs Schritte enthalten sein, die diese Risiken minimieren.

Im Idealfall führen diese Schritte dazu, dass die fertig geplante Maßnahme auf breitere Akzeptanz stößt. Ist dies nicht der Fall, sind weitere Schleifen zu ziehen und die Planungen – unter Einbindung der Stakeholder – weiter nachzuschärfen. In komplizierten Fällen kann dabei das Klimaschutz-Team als Ganzes oder sogar der/die Zuständige im höchsten Organ konsultiert werden.

Erst danach ist die Detailplanung für abgeschlossen und ein breit akkordierter Entwurf der Maßnahme liegt vor. Dies ist auch in der Spalte »Phase« der Maßnahmen-Tabelle zu so zu kennzeichnen (als »Entwurf«, folgend auf »Idee« und »in Planung«).

Damit sind die Planungen jedoch noch nicht beendet: Denn sobald eine größere Anzahl von Entwürfen vorliegt, sollte das Klimaschutz-Team eine zweite, fachliche Priorisierung vornehmen: Dabei bewertet es, mit welchen der ausgearbeiteten Maßnahmen die Klimaschutz-Ziele am effektivsten zu erreichen sind. Diese Bewertung fußt auf einer Gegenüberstellung der erwarteten Klimaschutz-Wirkung der Maßnahme mit den Veränderungen von Einnahmen und Ausgaben, den ökologischen und sozialen Folgen sowie den Wechselwirkungen mit anderen Maßnahmen.

Eine derartige Priorisierung ist äußerst komplex: Zwar ist die Kategorisierung weiterhin sehr relevant, allerdings spielen bei der Gegenüberstellung der Maßnahmen viele Faktoren eine Rolle, die von den Team-Mitgliedern sehr unterschiedlich gewichtet werden können. Daher empfiehlt es sich, neben der rationalen auch die emotionale Intelligenz (bzw. das Bauchgefühl) der Gruppenmitglieder zu nutzen. Dies funktioniert am besten, wenn die Mitglieder die einzelnen Maßnahmen eine Priorisierung jeweils für sich durchführen –

und zwar nicht in Konkurrenz zueinander (i.S. einer Reihung von 1 bis x), sondern indem sie für jeden einzelnen Maßnahmen-Entwurf eine Zahl von 1 (= sehr unwichtig) bis 5 (= sehr wichtig) vergeben. Daraus kann dann ein Mittelwert gebildet werden, der zeigt, welche Priorität das Klimaschutz-Team der Umsetzung der Maßnahme einräumt. Diese Mittelwerte können in einer eigenen Spalte in der Maßnahmen-Tabelle eingetragen werden (»Priorität«).

Nicht berücksichtigt werden muss in dieser Priorisierung die erwartete Akzeptanz der Maßnahme, da diese nicht im gleichen Sinne fachlich bewertbar ist. Will das Entscheidungsgremium in diesem Kontext eine fundiertere Einschätzung erhalten, kann es sich z.B. durch Befragungen ein genaueres Bild verschaffen (*vgl. Kapitel 4.6*).

Am Ende gibt es zu jeder Maßnahme mit dem Status »Entwurf« zwei Werte, die in eigene Spalten vermerkt werden sollten und für das Entscheidungsgremium besonders bedeutsam sind:

1. fachliche Priorisierung (z.B. 1-5)
2. Einschätzung der Akzeptanz (z.B. 1-5)

Unter »Anmerkungen« können zur besseren Nachvollziehbarkeit zu beiden Werten nähere Erläuterungen eingetragen werden.

Damit ist der Entwurf endgültig beschlussfähig und kann dem zuständigen Gremium zur Entscheidungsfindung vorgelegt werden. Dafür sind von der Klimaschutz-Koordination insbesondere die fachlich hoch priorisierten Maßnahmen bestmöglich aufzubereiten. Dabei empfiehlt es sich, auch die subjektiven Entscheidungsfaktoren zu berücksichtigen (*vgl. Kapitel 4.7*). Das Entscheidungsgremium hat daraufhin drei Möglichkeiten:

1. Die Maßnahme wird wie im Entwurf beschrieben beschlossen und geht in die Umsetzungsphase (*vgl. Kapitel 6.6*). In diesem Fall ist die Planungsphase abgeschlossen. In der Tabelle wird bei der Maßnahme unter Phase »beschlossen« eingetragen.
2. Die Maßnahme wird an das Klimaschutz-Team zur Überarbeitung zurückgewiesen. Damit geht die Planungsphase weiter.

Die Maßnahme wird wieder als »in Planung« markiert und nach der Überarbeitung erneut zur Beschlussfassung vorgelegt.

3. Die Maßnahme wird abgelehnt. Damit ist die Planung abgeschlossen, es erfolgt aber keine Umsetzung. In der Tabelle ist die Maßnahme dann als »abgelehnt« zu kennzeichnen.

Wird die Maßnahme beschlossen, sind im Zuge dessen auch das dafür nötige Budget und ggf. weitere Ressourcen freizugeben. Zudem sind die entsprechenden Abteilungen und/oder Personen mit der Umsetzung der beschlossenen Maßnahme zu beauftragen. Dass all dies möglichst reibungslos funktioniert, liegt in der Verantwortung jenes Mitglieds des höchsten Organs, das für die Klimaschutz-Agenden zuständig ist.

6.6 Klimaschutz-Maßnahmen umsetzen

Mit den nötigen Beschlüssen ist die Phase des Planens abgeschlossen – und die Phase des *Umsetzens* beginnt. Sobald die ersten Schritte dazu gesetzt werden, wird die Maßnahme in der Tabelle von der Phase »beschlossen« auf die Phase »in Umsetzung« gesetzt. Die Umsetzung selbst kann auf zwei Arten verlaufen:

A. Sie läuft nach Plan. Die beauftragten Personen/Abteilungen setzen die Maßnahme wie geplant um und kommen mit dem Budget bzw. den weiteren zur Verfügung gestellten Ressourcen aus. Alle Zellen in der Maßnahmen-Tabelle können grün markiert werden.

B. Sie läuft nicht nach Plan. Es gibt Verzögerungen oder andere Veränderungen im Ablauf oder es wird im Laufe der Umsetzung klar, dass die Klimaschutz-Wirkung, die finanzielle Wirkung, die ökologischen und sozialen Wirkungen, die Wechselwirkungen mit anderen Maßnahmen oder die Akzeptanz der Maßnahme nicht den Erwartungen entsprechen. Die entsprechenden Zellen in der Tabelle sollten in diesen Fällen gelb, bei Gefahr des Scheiterns der Maßnahme auch orange oder rot markiert werden.

Um festzustellen, ob die Umsetzung nach Plan verläuft oder nicht, ist ein Monitoring der Umsetzung nötig. Dabei ist vor allem zu überprüfen, ob Zeit- und Kostenplan eingehalten werden. Inwiefern darüber hinaus ein Monitoring möglich ist, hängt von der Datenverfügbarkeit im Laufe der Umsetzung ab. Das betrifft die Klimaschutz-Wirkung, die anhand der Veränderung der zugeordneten Outcome-Indikatoren bewertet werden kann, ebenso wie alle anderen Wirkungen und die Akzeptanz der Maßnahme. Grundsätzlich gilt dabei: Je länger die Umsetzung dauert, desto eher ist ein umfassendes Monitoring möglich bzw. nötig.

Zeigt sich im Zuge dieses Monitorings, dass Teile der Umsetzung nicht nach Plan verlaufen, sind Planänderungen nötig:

1. Im Idealfall kann die Maßnahme so verändert werden, dass die Ziele doch noch erreicht werden (z.B. durch zusätzliche Mittel). In der Tabelle werden die entsprechenden Zellen geändert, wobei dies in einer zusätzlichen Spalte »inhaltliche Evaluierung« (*vgl. Kapitel 6.7*) vermerkt werden sollte.
2. Ist dies nicht möglich, sollte überprüft werden, ob es andere, zusätzliche Maßnahmen gibt, mit denen die Ziele erreicht werden könnten. Sollten solche Maßnahmen gefunden werden, sind sie in der Tabelle zu ergänzen und nach dem oben beschriebenen Ablauf zur Beschlussfassung zu bringen. Die Wechselwirkungen zwischen der originalen und der zusätzlichen Maßnahme sind in der entsprechenden Spalte zu beschreiben.
3. Kann die Maßnahme nicht verändert werden oder durch zusätzliche Maßnahmen ergänzt werden, sind die Ziele an sich anzupassen. Das kann Zwischenziele betreffen, im schlimms-

ten Fall auch das Zieljahr für die Klimaneutralität. Vor allem Letzteres wäre jedoch eine Art Bankrott-Erklärung für das gesamte Klimaschutz-Management.

Alle Änderungen von Maßnahmen oder Zielen sind mit den zuständigen Gremien zu akkordieren. Insbesondere zusätzliche Maßnahmen oder das Nicht-Erreichen der gesetzten Ziele haben Auswirkungen auf die gesamte Organisation und sind daher auch von den zuständigen Gremien abzusegnen.

Die Entscheidungsgremien können auch von sich aus Maßnahmen, die nicht nach Plan laufen, abbrechen. Diese sind in der Maßnahmen-Tabelle als »abgebrochen« zu markieren. Unter »Anmerkungen« sollte der Grund dafür angegeben werden.

Insgesamt ist es gerade in der Umsetzungsphase wesentlich, die Maßnahmen-Tabelle als »Living Document« stets auf dem aktuellen Stand zu halten – das heißt, dass die Maßnahmen bei Änderungen bearbeitet und zusätzliche Maßnahmen in den Zeilen ergänzt werden. Dadurch sollte jederzeit erkennbar sein, durch welche Maßnahmen die Klimaschutz-Ziele erreicht werden sollen. Diese ermöglicht eine kontinuierliche Steuerung der Umsetzung.

6.7 Klimaschutz-Maßnahmen abschließen

Nach der Phase des Umsetzens kommt – nach der Methode des Dragon Dreaming – wieder die Phase des *Feierns*. Für die einzelnen Maßnahmen bedeutet das, dass zunächst einmal evaluiert werden muss, ob die erwarteten Wirkungen tatsächlich eingetreten sind oder nicht. In dieser Zeit wird die Phase auf »in Evaluierung« gesetzt. Dabei sind zwei Dimensionen zu betrachten:

⇒ *Inhaltliche Evaluierung*: Wurde die Maßnahme wie beschlossen umgesetzt? Entsprachen die Klimaschutz-Wirkung, die finanziellen Wirkungen, die ökologischen und sozialen Wirkungen, die Wechselwirkungen mit anderen Maßnahmen und die Akzeptanz der Maßnahme den Erwartungen? Wurden die gesetzten Ziele erreicht?

⇒ *Organisatorische Evaluierung*: Wie funktionierte die Zusammenarbeit zwischen den Umsetzenden bzw. mit dem Klimaschutz-Team? Was lief gut, was lief weniger gut? Was könnte man bei der Planung bzw. Umsetzung der nächsten Maßnahmen besser machen?

Diese Evaluierung kann in Form einer Besprechung passieren. Mit dem organisatorischen Teil geht der Fokus aber weg vom Fachlichen hin zum Zwischenmenschlichen – was im Sinne des Feierns (*vgl. Kapitel 6.1*) in einem zwanglosen, geselligen Zusammensein enden kann, bei dem der Grundstein für eine gute Zusammenarbeit bei Folgeprojekten gelegt wird.

In jedem Fall sind die Ergebnisse der Evaluierung zu dokumentieren, um daraus für die Planung weiterer Maßnahmen zu lernen. In der Tabelle sollten dafür zwei weitere Spalten vorgesehen werden (»inhaltliche Evaluierung«, »organisatorische Evaluierung«). Sind diese befüllt, kann die Maßnahme auf »abgeschlossen« gesetzt werden. Gleichzeitig sind die Ergebnisse der Evaluierung in die zuständigen Gremien weiterzuleiten, damit diese ggf. weitere Schritte (z.B. zusätzliche Maßnahmen, Weiterentwicklung der Governance oder der Strategie) vornehmen können.

6.8 Klimaschutz-Programme erstellen

Die *Kapitel 6.5-6.7* zeigen auf, wie einzelne Klimaschutz-Maßnahmen geplant, umgesetzt und abgeschlossen werden können. Im Idealfall laufen diese jedoch nicht beliebig nebeneinander ab, sondern sind gut aufeinander abgestimmt. Deshalb empfiehlt es sich, regelmäßig *Klimaschutz-Programme* zu erstellen, die verschiedene Maßnahmen beinhalten, bei deren gleichzeitiger Planung und Umsetzung Synergieeffekte zu erwarten sind – entweder zwischen den Maßnahmen oder mit anderen Prozessen, in gerade aus anderen Überlegungen heraus vorangetrieben werden (z.B. Entwicklung eines neuen Marketing-Konzepts; *vgl. Abbildung 22*).

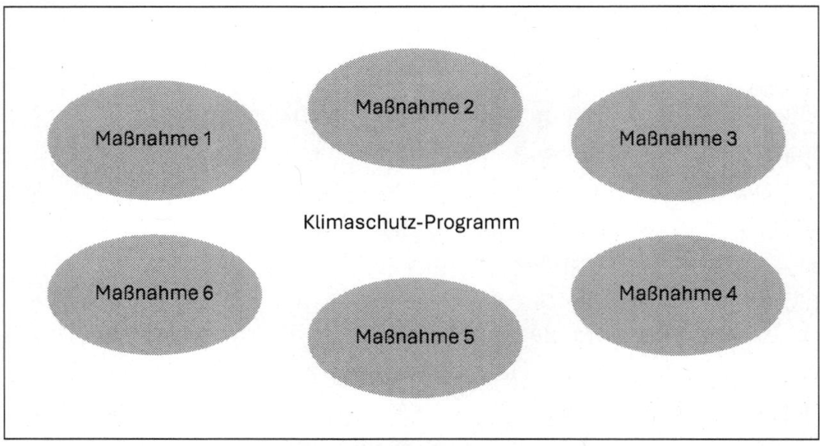

Abbildung 22: Struktur eines Klimaschutz-Programmes

Die Klimaschutz-Programme verbinden damit auch Klimaschutz-Strategie (*vgl. Kapitel 6.4*), Klimaschutz-Vision (*vgl. Kapitel 6.2*) und die zugrundeliegende Klimaschutz-Governance (*vgl. Kapitel 6.3*). Sie können für ein oder für mehrere Jahre erstellt werden, wobei sich die Programme durchaus überschneiden können, um Leerläufe zu verhindern und flexibel auf Veränderungen zu reagieren (*vgl. Abbildung 23*). Es ist dabei zielführend, den Endzeitpunkt der jeweiligen Programme in Einklang mit den gesetzten Zwischenzielen zu bringen.

Die einzelnen Programme können nach den Jahreszahlen benannt werden, in denen sie realisiert werden sollen (z.B. »Klimaschutz-Programm 2024-26«). Es ist aber auch eine kreativere Benennung von Vorteil sein, um eine stärkere Identifikation mit dem

Programm zu ermöglichen (vgl. »Green Deal« der Europäischen Union). In der Maßnahmen-Tabelle ist die Zuordnung zu einem Programm in einer eigenen Spalte »Programm« einzutragen.

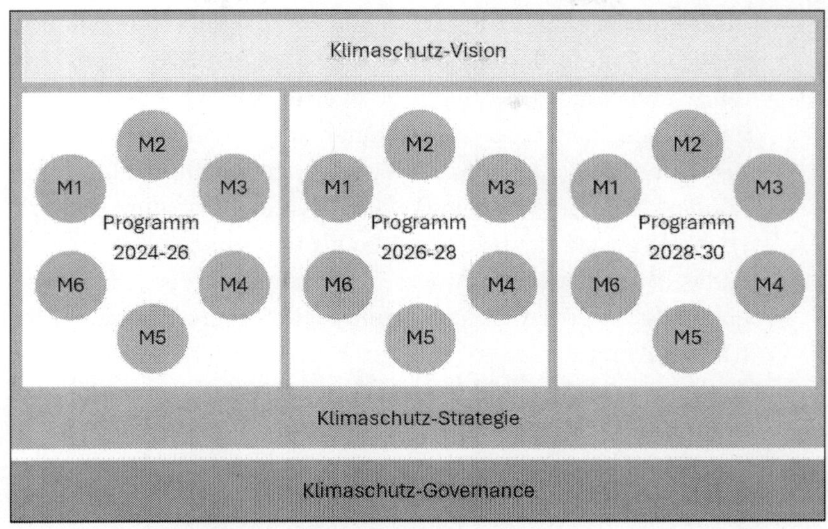

Abbildung 23: Aufbau eines Klimaschutz-Prozesses

Die Entwicklung und Realisierung der Programme kann – genauso wie bei den einzelnen Maßnahmen – nach der Dragon-Dreaming-Methode erfolgen:

⇒ Das erste Klimaschutz-Programm entwickelt sich aus dem Feiern (*vgl. Kapitel 6.1*), Träumen (*vgl. Kapitel 6.2*) und Planen (*vgl. Kapitel 6.3-6.5*). Im Planungsprozess wird jedoch nicht an vielen, voneinander unabhängigen Maßnahmen gearbeitet, sondern ein Bündel an Maßnahmen erstellt, die aufeinander aufbauen und/oder deren parallele Umsetzung in Hinblick auf Klimaschutz-Wirkung, finanzielle Wirkung, ökologische Wirkung, soziale Wirkung, Wechselwirkung mit anderen Maßnahmen, Akzeptanz oder andere Aktivitäten klare Synergieeffekte aufweist (z.B. Kostenersparnis). Dabei kommen insbesondere zeitliche (z.B. Symbolwert von Maßnahmen, testweise Umsetzung; *vgl. Kapitel 3.3*) und räumliche Aspekte (z.B. Umsetzung mehrerer Maßnahmen an einem Ort; *vgl. Kapitel 3.4*) zum Tragen.

⇒ Während der Umsetzung achtet die Klimaschutz-Koordination ganz besonders darauf, dass die erwarteten Synergieeffekte auch tatsächlich eintreten. Verzögerungen oder sonstige Veränderungen einzelner Maßnahmen sind in diesem Kontext problematisch, da diese gleich mehrere Maßnahmen betreffen können. Dementsprechend wichtig sind eine gute Planung sowie ein nicht zu straffes zeitliches und finanzielles Korsett, sodass kleine Verzögerungen oder sonstige Veränderungen abgefedert werden können, ohne das gesamte Programm infrage stellen zu müssen (z.B. durch Berücksichtigung von 10% zeitlicher und finanzieller Reserven für Unvorhergesehenes). Sollte dies nicht ausreichen, ist das Maßnahmenpaket als Ganzes entsprechend anzupassen: Das kann bedeuten, einzelne Maßnahmen zu verändern oder abzubrechen und/oder neue Maßnahmen hinzuzufügen. Ist das Programm mit Prozessen in anderen Bereichen gekoppelt, kann auch versucht werden, diese vom Klimaschutz-Prozess zu lösen In jedem Fall erfordert diese Anpassung einen entsprechenden Beschluss des zuständigen Entscheidungsgremiums (*vgl. Kapitel 6.6*).

⇒ Am Ende kann man nicht nur den Abschluss einzelner Maßnahmen feiern, sondern den Abschluss des gesamten Programms (*vgl. Kapitel 6.7*). Die »Klimaschutz-Feier« könnte so zum regelmäßigen Fixpunkt werden – oder auch Teil anderer regelmäßiger Veranstaltungen (*vgl. Kapitel 6.1*).

⇒ Die damit einhergehenden Evaluierungen bieten eine hervorragende Grundlage, um das »große Ganze« weiterzuentwickeln – und in den Phasen des Träumens und Planens auch Vision, Governance und Strategie nachzuschärfen, bevor ein weiteres Programm erarbeitet wird.

Die Zuständigkeit für die Erstellung der Klimaschutz-Programme liegt in der Regel bei der Klimaschutz-Koordination. Diese stimmt sich dabei mit den Mitgliedern des Klimaschutz-Teams sowie der zuständigen Person im höchsten Entscheidungsgremium ab – insbesondere dann, wenn auch mit anderen Aktivitäten außerhalb des Klimaschutz-Prozesses Synergieeffekte erzielt werden sollen.

Diese gegenseitigen Abhängigkeiten bedingen eine gute Zusammenarbeit über verschiedene Organisationseinheiten hinweg, die von einer höheren Instanz beauftragt und koordiniert werden muss. Ansonsten besteht die Gefahr, dass der Klimaschutz-Prozess ins Stocken gerät, nur weil auf einer anderen Ebene (z.B. bei der Entwicklung des Marketing-Konzepts) nichts weitergeht. Gelingt die Kopplung hingegen, können daraus aufgrund der Synergieeffekte Meilensteine in der Entwicklung von Unternehmen, Gemeinden etc. entstehen.

6.9 Klimaschutz-Vision erreichen

Folgt man den *in Kapitel 6.1-6.8* beschriebenen Prozessschritten, stehen die Chancen gut, Treibhausgas-Emissionen und Bodenverbrauch im eigenen Wirkungsbereich sehr effektiv zu reduzieren. Um tatsächlich aber die große Vision der Klimaneutralität zu erreichen, ist nicht nur ein gutes Prozess-Management gefragt. Es geht auch um die Motivation aller Beteiligten. Dafür ist nicht nur ein gutes *Management,* sondern auch *Leadership* gefragt.

Wenn der Klimaschutz-Prozess startet, ist eine gewisse Grundmotivation der Entscheidungsträger:innen vorhanden – ob von innen heraus oder aus externen Gründen, ist in diesem Fall noch nicht so wichtig. Wesentlich ist, dass der Klimaschutz-Prozess im weiteren Verlauf von Menschen getragen wird, die den Sinn dahinter erkennen und die sich mit der gemeinsamen Vision identifizieren. Das ermöglicht es ihnen, voranzugehen und gezielt Einfluss zu nehmen. Manche Betroffene werden sie dadurch begeistern und zum Mitmachen animieren. Andere werden zumindest Vertrauen aufbauen und Maßnahmen leichter akzeptieren. Manch einer wird hingegen vielleicht gerade deshalb in den Widerstand gehen. Doch wenn das Klimaschutz-Team die Realisierung der Vision aufrichtig und umsichtig vorantreibt, kann es mit diesen Widerständen umgehen.

Bei Leadership geht es jedoch nicht nur darum, zu Beginn möglichst viele Beteiligte ins Boot zu holen, sondern auch, diese über die Jahre hinweg bei Laune zu halten. Wenn man zu Beginn ein Jahr festlegt, in dem man als Unternehmen, Gebietskörperschaft oder Einzelperson Klimaneutralität erreichen will, ist es in der Regel ein weiter Weg, bis man dieses Ziel tatsächlich erreicht. Die ersten Schritte auf diesem Weg sind für viele noch relativ klar. Doch je weiter man Richtung Ziel denkt, desto schwieriger wird es, sich die dafür nötigen Maßnahmen vorzustellen. Einige davon sind möglicherweise in der Gegenwart auch noch gar nicht denkbar, weil sie z.B. auf externen Entwicklungen basieren, die erst eintreten müssen (z.B. veränderte gesetzliche Vorgaben oder neue Technologien).

Insofern ist es besonders wichtig, von Anfang an Vertrauen in den gesamten Klimaschutz-Prozess aufzubauen. Man kann eine Vision kreieren, eine Struktur aufbauen und Maßnahmen entwickeln, auch wenn man noch nicht weiß, wie genau man am Ende ans Ziel kommt. Auch Karl Ritter von GHEGA baute im 19. Jahrhundert in Österreich eine Bahnstrecke über den Semmering, obwohl es damals noch keine Lokomotiven gab, die diese Steigungen überwinden konnten. Doch davon ließ er sich nicht beirren – und motivierte dadurch wiederum Ingenieure, leistungsfähigere Lokomotiven zu entwickeln. Der Bau der Bahnstrecke dauerte einige Jahre. Als er fertig war, gab es tatsächlich schon die ersten Lokomotiven, die den Berg überwinden konnten.

Ähnliche Wechselwirkungen sind auch beim Klimaschutz zu erwarten: Je mehr Einzelpersonen, Unternehmen oder Gebietskörperschaften an gewissen Stellen nicht vorankommen, desto größer wird das Interesse, dafür auch Lösungen zu entwickeln – vonseiten der Wissenschaft, aber auch vonseiten der Wirtschaft, die sich hier neue Geschäftsfelder erhofft, und vonseiten der Politik, die gerne in die Rolle des »Problemlösers« schlüpft und gesellschaftliche Entwicklungen für sich zu nutzen versucht.

Doch all das kann nur geschehen, wenn zunächst einmal die ersten Schritte gesetzt werden. Hier kann man vom Wissen profitieren, das andere bereits dazu gesammelt haben. Besonders in der Anfangsphase gibt es oft »Low Hanging Fruits« zu ernten – also Klimaschutz-Maßnahmen, bei denen der Aufwand gering, die Wirkung aber groß ist. Systemisch betrachtet ist dies positiv zu bewerten, stellen sich doch dadurch relativ rasch Erfolgserlebnisse ein. Wenn es dann noch gelingt, die Klimaschutz-Wirkung mit anderen, positiven Wirkungen zu verknüpfen (z.B. verringerte Ausgaben durch reduzierten Stromverbrauch), kann die anfängliche Skepsis einem erhöhten Vertrauen gegenüber dem Prozess weichen – und ein positiver Spin entsteht (*vgl. Einleitung Kapitel* 6).

Wesentlich ist in diesem Kontext auch, dass das höchste Organ dieses Vertrauen in den Prozess von Anfang an zur Schau stellt und immer wieder klar kommuniziert, dass es voll und ganz hinter Klimaschutz-Vision, Klimaschutz-Governance, Klimaschutz-Strategie sowie den einzelnen Zielen, Programmen und Maßnahmen steht. Dadurch gewinnen auch alle Stakeholder die Sicherheit, dass man es ernst meint mit dem Klimaschutz-Prozess und sie nicht umsonst daran arbeiten.

Alle weiteren Schritte können das Vertrauen in den Prozess dann stärken oder schwächen – je nachdem, ob sie gut umgesetzt werden oder nicht. Dabei muss nicht jede einzelne Klimaschutz-Maßnahme genau so funktionieren wie geplant. Wesentlich ist, ob letzten Endes alle Maßnahmen gemeinsam mit dem übereinstimmen, was vorab kommuniziert und dementsprechend erwartet wurde – also, dass Treibhausgas-Emissionen und Bodenverbrauch sinken, dabei aber auch nicht auf sonstige ökologische, soziale und wirtschaftliche Aspekte vergessen wird und die Beteiligten in adäquater Art und Weise eingebunden werden. Oder anders gesagt: Wenn Reden und Tun übereinstimmen, ist der gesamte Prozess glaubwürdig – und das schafft das höchste Vertrauen.

Für die Realisierung der Vision braucht es aber nicht nur Vertrauen, sondern auch eine aktive Beteiligung: Wenn die Betroffenen nicht nur verstehen, *wozu* der Klimaschutz-Prozess gut sein soll, sondern auch Möglichkeiten sehen, *wie* sie sich konstruktiv einbringen können, kann das größtmögliche Potenzial erschlossen werden. Dementsprechend ist es wichtig, Beteiligung absolut ernst zu nehmen und den Betroffenen nicht nur die Möglichkeit geben, z.B. Ideen zu liefern, sondern im Falle einer konkreten Betroffenheit auch tatsächlich auf sie zuzugehen und ihre Anliegen mitzunehmen (*vgl. Kapitel 4.6*).

Eine besondere Priorität hat in diesem Kontext der Umgang mit Widerständen: Auch, wenn Betroffene ihren Unmut sehr leise oder nur indirekt zum Ausdruck bringen, ist es Aufgabe der Klimaschutz-Koordination, das Gespräch mit diesen Personen zu suchen. Diese müssen nicht davon überzeugt werden, dass eine einzelne Maßnahme oder der Prozess insgesamt richtig ist – aber sie sollen spüren, dass man sie ernst nimmt und ihre Anliegen berücksichtigt. Wie man tatsächlich damit umgeht, hängt davon ab, welche Relevanz man in den Anliegen sieht:

⇒ Stuft die Klimaschutz-Koordination das Anliegen als relevant ein (z.B., wenn eine Klimaschutz-Maßnahme tatsächlich negative Auswirkungen hat, die noch nicht berücksichtigt wurden), leitet es entsprechende Schritte ein (z.B. Überarbeitung der Maßnahme). Ein besonderes Augenmerk wird dabei auf Anliegen gelegt, die ein Scheitern einzelner Maßnahmen, ganzer Programme oder gar des Gesamtprozesses bedeuten könnten sowie auf jene, die von mehreren Stakeholdern vorgebracht werden – besteht doch hier die Gefahr, dass größerer Widerstand entsteht.

⇒ Stuft die Klimaschutz-Koordination das Anliegen als nicht relevant ein (z.B., wenn es um Einzelinteressen geht, die den gemeinsamen Interessen entgegenstehen), wird dieses nicht weiter behandelt. Um der Gefahr vorzubeugen, dass die Person ihre Anliegen an anderen Stellen einbringt, dokumentiert die Klimaschutz-Koordination die Kommunikation und informiert auf Anfrage die anderen Stellen.

Wichtiger als das Inhaltliche ist aber ohnehin die emotionale Ebene: Allein ein Gespräch mit jemandem zu führen, der im Widerstand ist, zeugt von einer gewissen Wertschätzung. Wenn die Person dann auch noch eine Rückmeldung bekommt, was mit seinem oder ihrem Anliegen geschehen ist, können die nicht-relevanten Widerstände auf ein Minimum reduziert werden. Die relevanten Widerstände werden hingegen erst dann verschwinden, wenn entsprechende Schritte umgesetzt werden. Passiert das nicht, verlieren die Stakeholder das Vertrauen in den Gesamtprozess – was früher oder später entsprechende Konsequenzen für die verantwortlichen Personen hat.

Erfreulicherweise besteht Beteiligung aber nicht nur aus Widerstand. Betroffene, die einzelne Maßnahmen und/oder den Prozess als Ganzes befürworten, können die Umsetzung deutlich beschleunigen. Wenn sie beispielsweise ihre Zustimmung in Debatten kundtun, zeigt das einerseits, dass es nicht nur Gegner:innen gibt, die sich oft sehr lautstark zu Wort melden; andererseits ist das Vertrauen in die Betroffenen deutlich höher, haben sie doch meist kein offensichtliches Eigeninteresse daran, dass die Klimaschutz-Maßnahmen erfolgreich umgesetzt werden. Daher spielen die Befürwort:innen unter den Betroffenen eine ganz wesentliche Rolle, um die Klimaschutz-Vision letzten Endes zu erreichen.

Für die Prozess-Verantwortlichen bedeutet das: Wenn es gelingt, sowohl die Befürworter:innen als auch die Gegner:innen adäquat einzubinden, können sie die Motivation steigern bzw. hochhalten. Sind sie dann auch noch in der Lage, durch gutes Management tatsächliche Fortschritte in der Reduktion von Treibhausgas-Emissionen und Bodenverbrauch zu erzielen, wächst auch das Vertrauen in den Prozess – und die Erreichung der Klimaschutz-Vision rückt von Jahr zu Jahr in immer greifbarere Nähe.

Zusammenfassung

Klimaschutz ist die wahrscheinlich größte Herausforderung des 21. Jahrhunderts. Wenn wir Treibhausgas-Emissionen und Bodenverbrauch in den nächsten Jahren weiter steigern, kommt mit hoher Wahrscheinlichkeit eine unkontrollierbare Erhitzungsspirale in Gang, die große Teile des Planeten für uns unbewohnbar machen wird.

Um dem wirksam entgegenzusteuern, müssen wir Klimaschutz als Prozess begreifen. Dieser Prozess greift in bestehende Systeme ein und verändert sie so, dass keine weiteren Treibhausgas-Emissionen und kein zusätzlicher Bodenverbrauch mehr entstehen. Der Schlüssel dafür sind Klimaschutz-Maßnahmen: Als permanente, überkritische Energieeinträge verändern sie die Systemstruktur – und damit auch das Systemverhalten.

Doch nicht jede Maßnahme ist effektiv. Oft setzen sie an den falschen Stellen an. Um dies zu verhindern, sind die bestehenden Prozesse innerhalb eines Systems zunächst zu analysieren: Sind sie klimaneutral, können sie fortgeführt werden. Sind sie nicht klimaneutral, sind sie zu unterlassen oder zu beenden – es sei denn, sie sind notwendig zur Befriedigung menschlicher Bedürfnisse. In diesem Fall sind sie durch möglichst klimaverträgliche Prozesse zu ersetzen. Ist auch das nicht möglich, sind sie möglichst klimaverträglich zu gestalten – und die verbleibenden Klimawirkungen auszugleichen. Dementsprechend haben Präventions-Maßnahmen die höchste Priorität, gefolgt von Suffizienz-, Substitutions-, Effizienz- und Kompensations-Maßnahmen.

Doch für die Umsetzung greift diese Priorisierung auf Basis der Klimawirksamkeit noch zu kurz. Effektive Klimaschutz-Maßnahmen zeichnen sich auch durch positive (oder zumindest neutrale) ökologische, soziale und ökonomische Wirkungen aus, verfügen zudem über die nötige Akzeptanz unter den Betroffenen und werden gut kommuniziert, um den zuständigen Entscheidungsgremien letztlich eine Freigabe zu ermöglichen.

Ob solche Klimaschutz-Maßnahmen jedoch überhaupt entwickelt werden, liegt in unser aller Verantwortung. Verschiedene Gruppen können dazu unterschiedliche Beiträge leisten – von Unternehmen und der Land- und Forstwirtschaft über Einzelpersonen bis hin zu Politik und Verwaltung, Interessensvertretungen, Verbänden und NGOs, Medien, Wissenschaft und Bildung, Kunst und Kultur sowie Religion und Kirche.

Entscheidend ist letztlich, dass wir den Klimaschutz-Prozess innerhalb unserer eigenen Organisationen (Unternehmen, Gemeinde etc.) klug implementieren. Das beginnt mit dem Feiern des Vorhandenen und geht über das Kreieren einer Vision, den Aufbau einer Governance, die Entwicklung einer Strategie mit Zielen und Indikatoren bis hin eben zur Planung und Umsetzung konkreter, effektiver Klimaschutz-Maßnahmen. Gelingt es dabei auch noch, Synergieeffekte zu nutzen (z.B. durch die Entwicklung von Klimaschutz-Programmen), kann eine derart starke Dynamik entstehen, dass die eigene Organisation innerhalb kurzer Zeit klimaneutral wird.

Gelingt dies in vielen Organisationen gleichzeitig, werden Wechselwirkungen entstehen, die die Reduktion von Treibhausgas-Emissionen und Bodenverbrauch immer weiter beschleunigen. Dann haben wir Klimaschutz in unseren Alltag integriert und können die Überhitzung der Erde tatsächlich noch stoppen. *Es liegt an uns.*